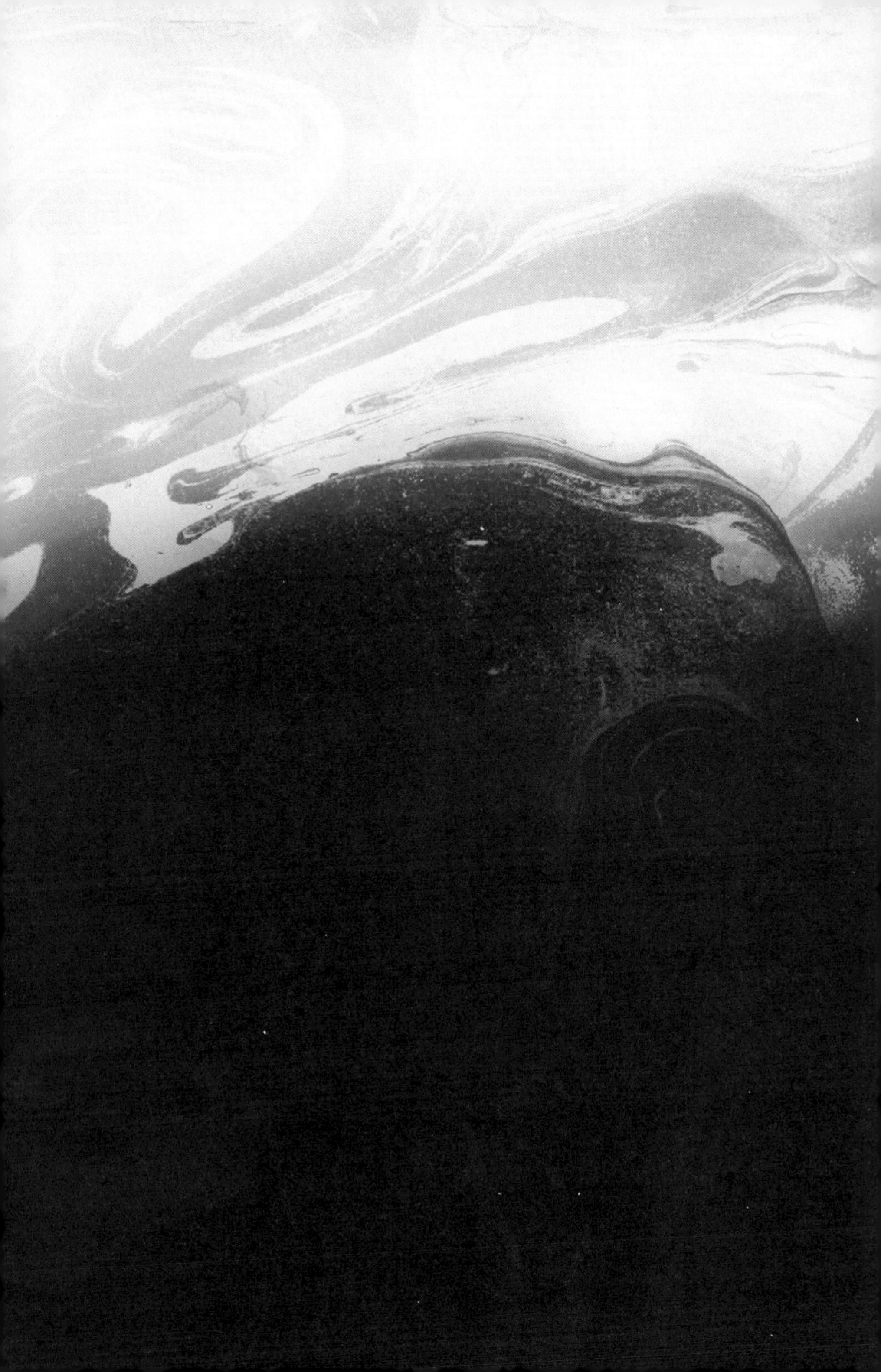

有光
就無夜

總策畫 — 廖英智　　撰文 — 周憶如 胡頎

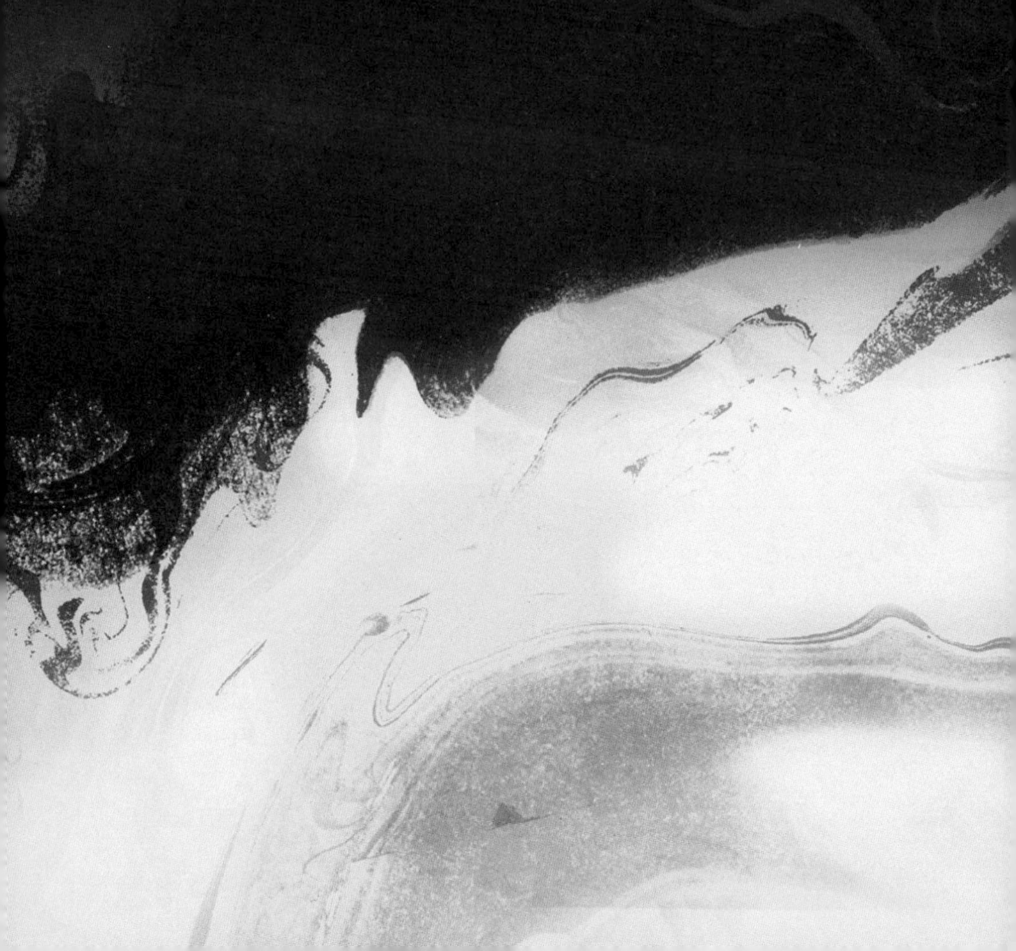

目錄

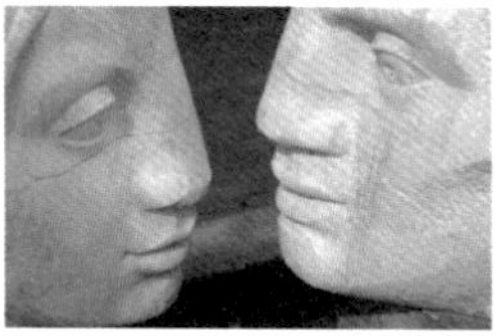

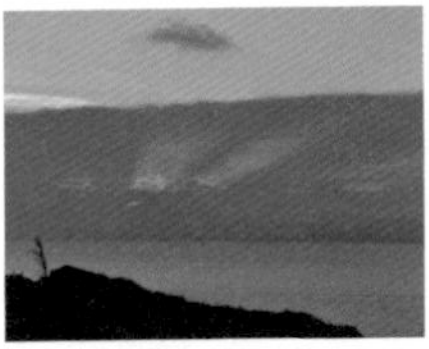

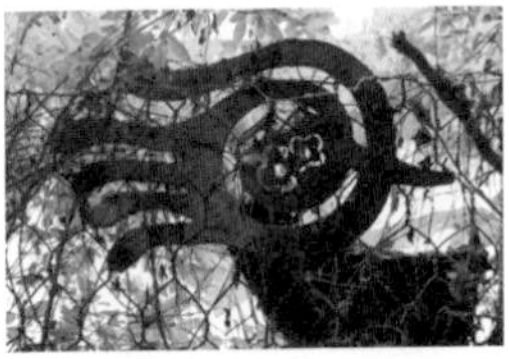

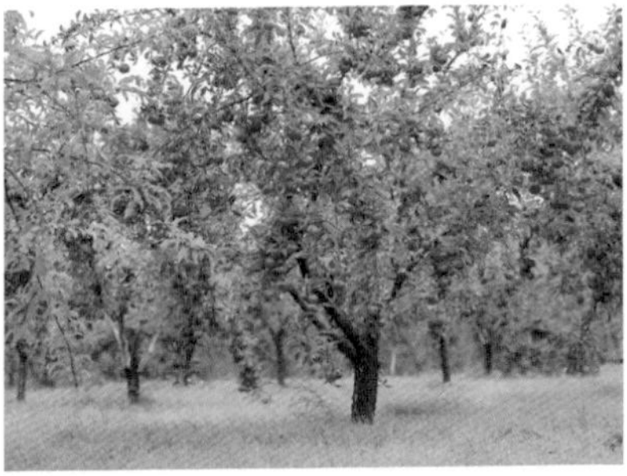

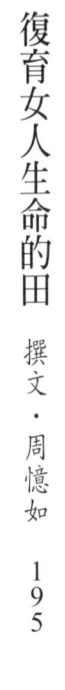

【前言】

兩個聲音

這本書有兩個聲音。一個是在這書中接受採訪的社工們的聲音。另一個是被害人的聲音。被害人的聲音我們常是聽不見的，於是這些陪伴他們、和他們一起經歷的社工們，說出他們的聲音。

這兩個聲音都是真實的。一個說出令人悲傷的苦痛，另一個說出帶著力量的決心。苦痛在被害人的心中留下傷痕，決心卻要帶他們往前行。

這本書記錄兩個聲音，但我們需要第三個聲音，就是要求改變的聲音。在這書中我們看見有些觀念需要改變、有些態度需要改變、有些行為需要改變、有些制度需要改變。

我們需要立即發出要求改變的聲音，用力發出、並且一直發出！

廖英智 2022／05／06

【序】

不忍世間苦，拔苦予樂的助人者

沈美真

世界上總是有苦難，有些顯而易見，有些長期來存在，但難以啓口。親密關係暴力自古即有，但台灣何其有幸，總是有熱心勇敢的社工看見痛苦存在，致力協助身心受苦的人。

本書主要談親密關係暴力，包括因而受苦的人、助人的社工，及受苦者的成長改變。親密關係暴力，最典型的是異性間的婚姻暴力，但外籍配偶等新移民，原住民，同志間的親密關係暴力，各有其特殊困境。目睹家庭暴力的兒童少年也是受害者。受害者的生命狀態常因社工的協助而改善。在社工努力下，甚至改變社會觀念、政府政策及法律制度。

社工是拔苦予樂的助人者，不問有無學歷或執照

一九八七年，我爲救援雛妓而結集志同道合的朋友，一起創辦台灣婦女救援協會（一九八八年改組爲台北市婦女救援基金會，下稱婦援會），多年來一路上與許多熱心勇敢的社工同行。因爲這些社工的努力，被迫賣淫、人口販運、慰安婦、婚暴、家暴目睹兒等受苦者的人生，因而改善。相關法律制度及政府措施也因此增修。我認爲社工是因不忍他人受苦，想方設法提供協助，拔苦與樂的助人者，不問有無社工學歷或執照。積極的社工，還能勇敢面對各種困難及阻礙，進行體制內外的改革及創新。可以說，社工是救援天使，是菩薩，是眾生不請之友。

藏傳佛教領袖達賴喇嘛所撰一篇迴向文，我覺得很能描述社工的情懷，只要把其中「功德」兩字改爲「努力」。原文爲「願一切身心受苦的有情，因我的功德而獲得如海的快樂和喜悅。　願一切有情不受害、造惡或生病。　願一切有情沒有恐懼或被欺負，內心沮喪受挫。」「願裸者得衣，飢者得食，渴者得

水和美好的飲料。願窮者轉富，悲傷者得歡樂。願失落者得希望。」「願驚慌的人不再恐懼，囚者得釋，願弱者得勢。願人們想到互相幫助。」

不願放棄的心，接住世間苦

《有光就無夜》，本書總策劃廖英智律師，多年來擔任婦援會的董事或董事長。一九九七年我任董事長時，婦援會開辦婚姻暴力被害婦女的服務，即由廖英智董事負責督導婚暴組工作。二〇〇二、三年出現許多東南亞及大陸女性被拐騙來台，被迫賣淫，婦援會率先著手救援跨國人口販運被害人，提供各種協助，當時董事長就是廖英智律師。廖律師向來出錢出力，溫暖待人，充分授權，深受同仁愛戴。

本書主要作者周憶如女士，聰明多計，原是婦援會文宣組同仁，卻勇敢轉任新開辦的人口販運救援組，冒著人身危險接送被害人，陪同出庭打官司，想方設法提供各項協助。書中受訪的目睹兒社工楊素雲、長期投入原住民受暴婦女保護的阿布娪和陳美珠、自柬埔寨嫁來台灣的李沛英、致力於同志權益的呂欣潔、穿梭公私部門爲婦女服務的張琳，無一不是懷抱著不願放棄的心，要接住世間苦，去幫助更多不能放棄的人。

在監委任內調查糾正，促成政府提升社工人力和待遇

張琳提到二〇一一年時，台東縣保護性社工方鳳珍過勞死亡，民間團體去監察院陳情，爲保護性社工爭取合理人力與待遇。當時調查該案的監察委員就是我。

弱勢者最重要的救援服務人員就是社工，政府卻長期忽視且人力不足，致每名社工負擔案量太大，無法及時提供弱勢者需要的協助。我早在二〇一〇年四月完成社工人力不足調查案，糾正行政院及多個縣市政府，促使政府提出社工人力倍增計劃。二〇一〇年底公部門社工一五九〇人，到二〇一五年底，已經增加至三二五一人。在當時公務人力被凍結的情況下，增加幾個人力都要大動干戈與人事單位作戰，這個調查案促成政府大幅增加一千六百多名社工人力，有如奇蹟。

二〇一一年保護性社工人力不足調查案，糾正行政院及十二個縣市政府，因監察院調查及糾正，促成保護性社工人力大增，由調查時的四六八人增至二〇一七年的一〇九四人。也促成保護性社工待遇提升、優先昇遷、職等提高，大大激勵了危險性高的保護性社工。

「不是殺人就是被殺」的極端困境

台灣公私部門最早提供協助服務的親密關係暴力，是婚姻暴力。過去婚姻暴力十分常見，雖然被打傷的妻子可告丈夫傷害罪，主張因不堪同居之虐待而要求離婚或分居，但社會長期來容忍婚姻暴力，認為床頭吵床尾和。執法人員爲維護家庭完整，絕大部分不會告知被害人有何權益可主張，甚至被請求後也不依法處理。家暴被害人求助無門，走投無路下，極端狀況不是殺人就是被殺。在此困境下，發生鄧如雯殺夫案，轟動全國。

一九九六年，台北市長陳水扁成立台北市婦女權益促進委員會，我跟高鳳仙法官（曾任第四、五屆監察委員）都是委員。某次會議討論婚姻暴力，我提及有位婦女常被丈夫脫光衣服毆打，有天半夜她怕被打死，就披條浴巾逃到派出所避難，警察沒有做任何處理。快天亮時警察說，披著浴巾坐在派出所不好看，要她離開。這位婦女常在被嚴重毆打後離家躲一陣子，卻因不捨小孩沒人照顧又回去。婦權會深入討論這個案後，針對警方著手編寫如何依法處理婚姻暴力的指南手冊，委員們並且親自到台北市各警局做宣導。

家庭暴力防治法的誕生

一九九七年，婦援會率先投入婚暴被害婦女服務，是第一個提供婚暴服務的民間團體，除了設立求助電話專線，還提供義務律師協助及陪同出庭服務。但許多受暴婦女不想打官司，只要丈夫不再打人，受暴時能獲得及時協助。但當年並沒有這樣的法律依據可循，高鳳仙法官在現代婦女基金會支持下，草擬「家庭暴力防治法」，我亦參與其中。

家庭暴力防治法首創民事保護令制度，法院可核發禁止加害人施暴等裁定，警察要主動協助被害人……等。這樣的法案前所未見，且增加政府及公務員大量工作，引起相關部門抗拒。但一九九八年立法院三讀通過後，政府就必須依法執行，盡管偶有警察不依家暴法辦理的案例，受暴婦女終究有了具體法律保障。

新移民比台灣婦女更容易遭遇家暴

八〇年代以後，許多台灣男人透過仲介娶東南亞或大陸女子爲妻。嫁來台灣的女子被稱爲外籍新娘、大陸新娘，後來改稱「外籍配偶、大陸配偶」，目前又稱「新移民」。絕大部分新移民隻身來台，遇到困難時沒有娘家可以投靠，舉目無親，孤立無援。大陸配偶以外之新移民還有語言溝通不良的困擾，又因來自較窮國家，常被公私部門歧視。如果新移民尚未取得台灣國籍，丈夫又不協助取得合法居留時，新移民逾期居留就會被遣返母國，與台灣子女長期骨肉分離。弱勢者容易被欺負，新移民比台灣婦女更易遭遇家暴，受暴後處境更加艱辛。

本書中李沛英的故事，完全顯示新移民遇到的困境：欠缺支持系統、生活習慣不同、語言溝通不良、被歧視等。政府部門及社工對新移民家暴認識不足，庇護資源不足，具體因應服務措施經過很久才開發完成，因丈夫不見而逾期居留的新移民，雖錯不在己，卻需承擔不利後果等。所幸這些困境經過民間多年爭取及政府意識到問題後，已漸漸改善。

原住民需要更切合文化需求的保護方案

本書透過阿布娪、陳美珠的分享，來探討原住民婦女遭遇家暴的問題。原住民傳統的生活環境及文化跟平地漢人大不相同。但在現代資本主義社會，到處需要用錢，傳統的男人上山打獵、女人在田野耕種織布早已無法滿足生活所需。原住民失業率遠高於漢人，男性多半靠勞力賺錢，收入不穩定，加上漢人社會歧視，失業及挫折憤怒情緒增加家暴機率。部分原住民婦女嫁給外省人或平地人，丈夫多數是底層的軍人或勞工，一樣面對貧窮的生活。貧賤夫妻百事哀，家暴問題主要來自經濟危機。

漢人對原住民文化不了解，以漢人婚暴婦女爲對象所設計受暴婦女保護方案，未必適用於原住民婦女。阿布娪提及受暴婦女害怕被帶離部落安置，又部落家戶都有戶外竹床，夫妻吵架時，一方可睡在戶外竹床，緩和當下情緒，衝突可以避免。社工專業不是一切，用原住民智慧，也許可以找到解決方案。阿布娪及陳美珠不斷摸索解決方案，從陪伴、聆聽，到創立組織，復育女人的田，一路上不斷前進。

同志家暴比一般家暴更難說出口

十多年前，教育部委託政大法律系教授陳惠馨及我等數人草擬「兩性平等教育法」，期間受玫瑰少年葉永鋕死亡事件影響，法案名稱改為「性別平等教育法」。

同志親密關係跟異性的親密關係一樣，同樣會吃醋，一樣可能發生暴力，受暴者同樣需要協助。只是現行家暴保護機制，係針對異性戀來設計，未必可完全適用於同志。尤其同志親密關係往往是不能說的秘密，一旦公開必須承擔嚴重後果，包括家庭衝突，被歧視，遭遇不友善對待，面臨巨大壓力下，出櫃很難公開，因此同志遇到家暴，很難像異性戀般向外界求助，也不易得到協助。幸好有像呂欣潔、彭治鏐這樣熱心勇敢的社工挺身出來，嘗試用各種方法幫忙，包括設立諮詢專線，成立團體，聯結資源，跟其他團體合作，多年來的努力，確實令台灣同志人權得到進一步保障。

目睹兒服務，受助者的成長

有位差點被丈夫勒死而離婚的女士跟我說，當年唸小學的兒子雖未目睹她被勒脖，在國中時跟女友吵架竟然勒女友脖子，後來主動要求母親協助他去精神科就醫。目睹家庭暴力的兒童、少年，即目睹兒，未必親睹或受到肢體傷害，但也是需要協助的受害者。

在台灣社會意識到目睹兒的特殊需求之前，婦援會率先關注研究，並提供相關服務。許多家庭暴力目睹兒得到幫助後，可以克服傷害及陰影，健康成長，甚至成爲助人者。書中提到社工王潔，她小時候是婦援會服務的目睹兒個案，因爲社工楊素雲的溫暖協助及陪伴，她立志當社工，同樣把溫暖傳遞給需要幫助的人。所以大學就讀社工系，畢業後成爲婦援會及其他單位的社工，眞的成爲助人者。

受暴婦女擺脫磨難後，生命可以改善。有些人可以變好到令人不敢置信。我遇過一位婦女，她原本忙於養家活口，照顧一家老小，還要想辦法解決丈夫欠債的爛攤子。丈夫不僅外遇還家暴。她某次遭婚暴差點沒命，在什麼都捨棄下離婚，重新出發，重新求學，還拿到博士學位，也覓得志同道合的伴侶，人生完全改觀，眞是塞翁失馬，焉知非福。書中提到的新移民沛英，就從受暴婦女成長爲姐妹會的理事長，轉變成力量強大的助人者。

成爲更好的人

親密關係暴力一直存在，受暴者所受痛苦，甚至比遭受陌生人施暴還嚴重，但多年來經過社工不斷努力，問題逐漸改善中。受暴者會逐漸復原，甚至更強大，成爲更好的自己。社工們爲改善受苦者的生命狀態，懷抱希望，繼續奮鬥努力下去！如同「入菩薩行」書中所說「乃至有虛空，以及衆生住，願吾住世間，盡除衆生苦！」

沈美眞

一九五九年生，台灣大學法律系及法研所畢業，一九八五年開始執業律師，並參加婦女新知。一九八七年因不忍少女被押賣爲娼，邀集朋友共同成立台灣婦女救援協會，擔任會長。一九八八年協會改組爲台北市婦女救援基金會。

▍一九九〇年擔任淨化社會文教基金會董事兼執行長，爲保護兒童權益，參與籌組兒童福利法修改聯盟，促成一九九三年兒童福利法修法通過。

▍一九九四～九八年擔任婦援會董事長。訂定每年九月十九日爲雛妓救援日，與其他團體共同草擬兒童及少年性交易防制條例，一九九五年立法通過。任內首創民間團體開辦婚暴婦女服務，其間亦參與家庭暴力防治法之立法。

▍一九九九年發生九二一大地震，促成民間團體成立全國民間災後重建聯盟共同救災。二〇〇二年發現不少國外婦女被誘騙來台賣淫，促成婦援會投入救援，參與草擬人口販運防治法。

▍二〇〇八～一四年擔任監察委員，任內主要調查弱勢保護有關案件，促成社會救助法翻修、社工人力倍增及待遇提升，促成教育部重視基本學力，落實補救教學等。

受佛教思想影響甚深，一九九三年値遇藏傳佛教 FPMT 組織導師梭巴仁波切，依止爲上師。監委卸任後，全心投入宗教活動。

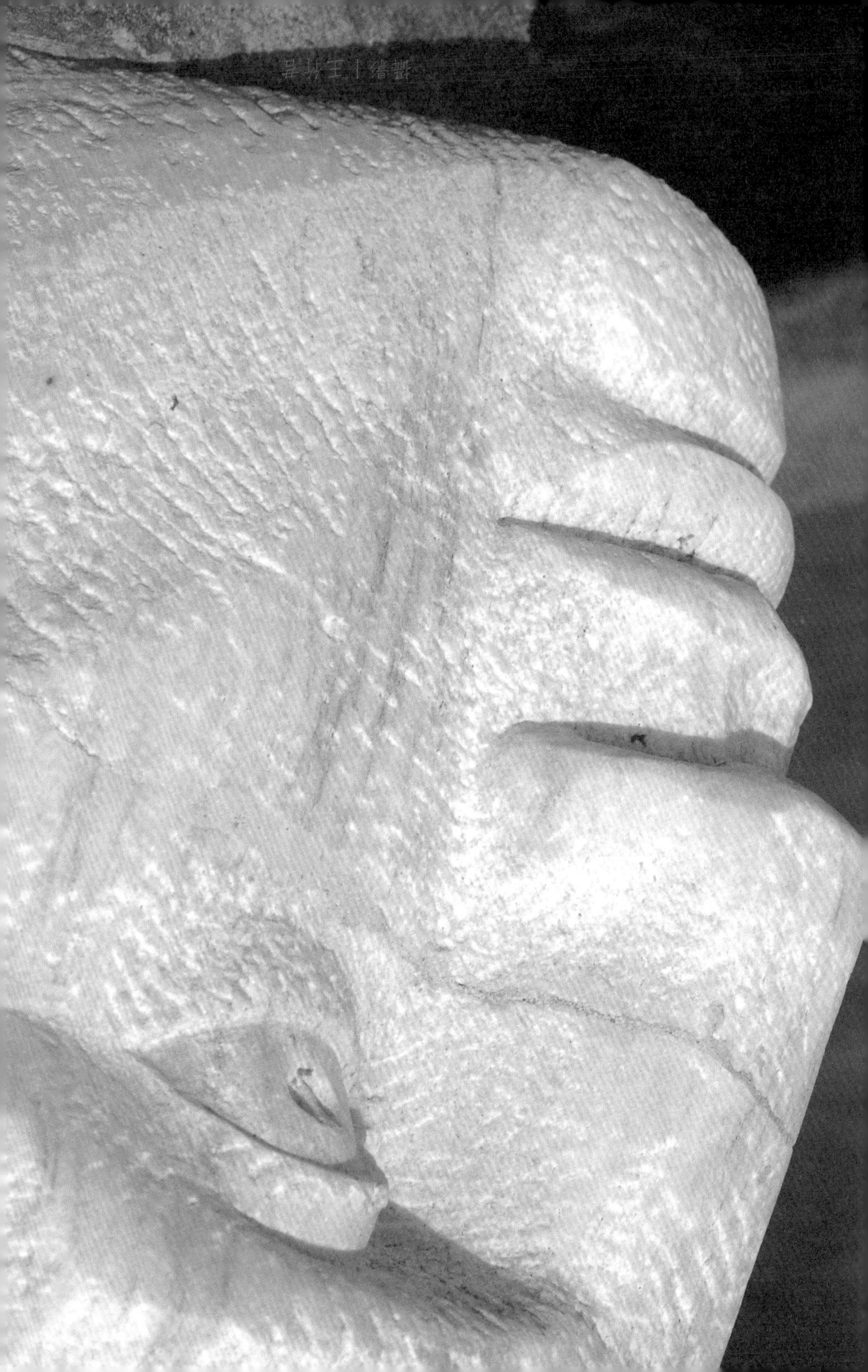

呂欣潔

學歷：澳洲雪梨大學政策研究碩士

現職：彩虹平權大平台總召

重要經歷：

▌台灣同志諮詢熱線協會執行長

▌同志大遊行總召

▌彩虹平權大平台總召

▌民進黨立委蘇巧慧國會辦公室副主任

▌代表社會民主黨參選二〇一六年中華民國立法委員選舉臺北市第七選舉區

▌華人拉拉聯盟（Chinese Lala Alliance, CLA）委員

▌聯合國人權倡議團亞洲代表

▌二〇一五年六月十七日台北市政府民政局開放「同性伴侶關係」註記和推廣同性婚姻合法化第一對註記伴侶

打開雙重衣櫃的人

撰文　胡頎

「我記得在社工學概論的課堂上，我的老師對我說：『社工不只是一個服務者，社工更應該當一個改革者。』」

提到「呂欣潔」，人們通常會有兩種反應：「啊！是同志熱線的呂欣潔！」或者「啊！是社會民主黨的呂欣潔！」但其實不論是演講、受訪還是發表各式各樣的文章裡，她還有一個很重要的身分——社工。

成爲社工系的學生，並不在她原本的計畫之內。第一次考大學，欣潔上了法文系，入學後發現那不是自己想要的，所以選擇重考；進入社工系，也只是志願選塡的結果。在社工系念書的第二年，她加入了「同志諮詢熱線」，開始漫長的同志平權之路。

「我們接電話，聽到眞正需求」

「我的社工訓練跟我的社會運動訓練其實是並行的，所以我就養成習慣，會時時回去想，我學到的東西是只有一個答案嗎？我認不認同？爲什麼？」

在不斷反思與批判的過程中，欣潔逐漸意識到，許多問題並不是服務單一個案可以解決的。於是她發現，只有透過社會教育，改變大眾的想法，改變更大的環境，才能真的幫助到所有和求助個案相似的人。

有此覺醒是在二〇〇四年。而同志諮詢熱線成立，不過是六年前的事。一九九八年，因爲數起青少年同志自殺的事件，讓同志運動者決定成立一個專爲弱勢同志服務，提供社群認同和情感支持的機構。當時台灣雖有「張老師」、「生命線」提供社會大眾諮商服務，但並未觸及同志議題。一群熱心學者爲了讓同志有一個互助的選擇，所以成立了「同志諮詢熱線」。從一個星期工作一天一條電話線，到現在一個星期工作五天四條電話線，從十位志工到七、八十人小組，熱線二十多年來一點一滴將同志的社群建立起來。

當時像同志諮詢熱線一樣的組織非常少，一般也不太將它視爲「正統」的社工團體。人們不期待社工系的學生去實習，不覺得在那邊可以學到專業的實務技巧。但欣潔始終認爲，熱線是很按照社工模式在運作的。

「我認為接線是我們直接接觸社群最最最最最重要的關鍵！」她俏皮地用力強調，頓了一下，認真地說：「現在熱線發展的議題，其實都是因為我們接電話，聽到真正需求。」

雖然沒有嚴謹的接案記錄、流程和各種行政細則，熱線的工作模式完全是社工的思考架構：透過直接服務發現個案的背景狀況，發想，透過演講、影片、出版加強社會教育，改變這樣的背景，最後再擬定相關政策做修法倡議。

欣潔致力投入的親密關係暴力問題，也是這麼來的。

親密暴力受害者來求助，找資源幫忙

「二〇〇八年，我到熱線正式工作，沒幾個月就接了兩、三通親密暴力的求助電話。我意識到：不行，這後面有一點狀況，我要找資源！」欣潔笑了一下：「我是個社工嘛，所以就會想要找資源協助他。」

欣潔找了所有認識的學姊、同學、朋友，有些人在「現代婦女基金會」工作，有些人在家防中心，大家都很想幫忙，但怎麼找也找不到適合的資源。

「我印象很深，第二個打來找我們的是嘉義人。他說，雖然他人在嘉義，但台中如果有人能幫忙他也願意去，高雄如果有人能幫忙他也願意去……」即便隔著電話，即便對方努力壓抑著，她還是完全能感受到那種無助：「我告訴他，你等我，明天再打來，我再找找。結果他隔天打來，你知道我有多難過，我說：對不起，真的沒辦法……這對我一個活的好好的同志，對我一個有社工認同的工作者來說，非常痛苦。我們就是等於只有法、沒有服務嘛！那法的意義到底在哪裡？」

《家庭暴力防治法》是一九九八年通過的，隔年，家暴保護令制度也開始實施，對原住民、新住民、身心障礙者都有相應的配套。二〇〇七年，家暴法將所有類型的同居關係都納入保護對象，包括同志。然而，同志的親密關係卻從未受到正視——這點十分明顯地反映在二〇一九年家庭暴力案件通報表上仍沒有同性婚姻、同性伴侶或性傾向這些欄位。

難忘無法回應的人，決心做這個議題

除了在行政分類上處於曖昧的邊緣，同志遭遇親密關係暴力更大的困難是許多第一線工作者對這個群體的了解太少，無法提供適切的協助，甚至可能造成傷害。

「就像好比如說一個漢人的社工可能不瞭解原住民的狀況，或者一個台灣人可能不瞭解新移民在這邊遇到的阻力。社工可能會說，你先生打你那麼兇你爲什麼不離婚？可是新移民離婚了很可能就會被遣返……」

欣潔說，也是在那一陣子，她接到一位女同志的電話。她的伴侶兒時曾被父親性侵過，隔了許多年，這件事突然被挖出來，因此必須到警局作筆錄。她陪著她去，所以負責的人就知道她們是一對。筆錄作到一半，負責人按下錄音機的暫停鍵，對她女朋友說：「雖然妳被性侵了，但妳還是可以試著愛男生啊！不用這樣就放棄自己！」

那位警察也許覺得自己苦口婆心吧，但他的言語毫不保留地體現了對同志的歧視，深深地對她的伴侶造成了二度傷害。在那個多元性別意識比現在更低落的時代，這並不是特例，這只是整個社會狀況的縮影。

「我身爲一個同志，當然知道正式體系對同志相當不瞭解，所以我沒有辦法隨便把他轉介給當地的人，要他直接去找那裡的家防中心。我如果不確定那邊有我有

呂欣潔到熱線正式工作後，沒幾個月就接了許多通親密暴力的求助電話。她意識到：不行，這後面有一點狀況，我要找資源！

信任、覺得一定 ok 的人，我怎麼可以把他隨便 pass 過去？」

第二個人、第三個人，欣潔一次又一次不斷尋找，然後失望地在電話裡讓對方知道目前的困境，盡可能給出各種能保障自身安全的計畫。因爲隱私考量，熱線沒有個案追蹤，只能等對方打回來。欣潔無法知道沒有再打回來的人後來怎麼了，但是她知道她沒有辦法忘記。

「這件事影響我非常非常深，所以我決定要做親密暴力。」

同志親密暴力的獨特困境：出櫃

同志親密暴力和一般的家暴有什麼不同呢？其實暴力型態上都很像。欣潔說，她最早接到的案子，就是兩人因爲關係不穩定，常常發生激烈口角。其中一人提出分手，另一人就會以自殘或跳樓威脅。在拉扯中，自殘的人往往會不小心誤傷對方，或者要脅成功後就進一步限制對方行動自由。

雖然乍聽之下和一般的婚姻暴力模式類似，但同志親密暴力有兩個不太一樣的困境：一是社會提供的同志情感範本很少，不像各種影視書籍媒介上充滿了關於兩性交往的討論、建議，同志幾乎沒有可以參考諮詢的相處範本，所以當遇到困難時，常陷入不知該如何是好的無助與自責。

更嚴重的是，社會整體對同志的不友善氛圍，令「表明身分」對許多同志而言幾乎不可能。比如有一對年輕的女同志，身分曝光後，其中一方被父親嚴重家暴、囚禁，她的伴侶也遭到暴力威脅。年紀大一點的，雖然不見得會遇到親子暴力的問題，但是父母親戚無休止的勸說、質疑、否定，同事朋友的異樣眼光，都使得許多同志對「出櫃」抱持著「世界末日」的想像。

「有時候，爲了保護自己的身份，你叫一個同志去死他都願意。」

因此，「出櫃」便成了一種一般人難以想像的施暴方式。在一次調查中，有百分之六十八的同志認爲「威脅出櫃」構成親密暴力，遠高於「大吼大叫」、「限制交友」、「掌控行蹤」與「控制金錢」。

這是同志親密暴力和一般婚暴最大的差別，卻也是圈外人最難理解的。尤其是一些對同志友善的年輕異性戀社工，可能自身也有不少同志朋友，因此很容易抱著「出櫃沒那麼可怕」的輕鬆心態。

「出櫃」往往是一種一般人難以想像的施暴方式。百分之六十八的同志認爲「威脅出櫃」構成親密暴力，遠高於「大吼大叫」、「限制交友」、「掌控行蹤」與「控制金錢」。

「他們很少有機會眞的聽同志朋友談論過往的創傷，因爲一般朋友之間是不會聊這種事的……」

不用說別人，即便是家庭關係本來就十分親密的欣潔，從十九歲出櫃開始，前前後後也花了十二年的時間才眞的讓家人接受這件事。

「身爲一個助人者，我們該做的是協助他去看到，帶他去思考到底出櫃最嚴重會怎麼樣，協助他去安排不同的計畫。而不是一直說：『那你就出櫃嘛！那你就出櫃嘛！』」

在暴力陰影中，爲什麼不分開？

許多社工同樣難以了解的，是「爲什麼不分開」。

在一般生活中，我們能看到的多半是像欣潔一樣把自己準備得很好，有著豐富資源和活躍人際網路的同志。但這並不是熱線電話那端的常態。他們可能是經濟弱勢、可能居住在偏鄉、可能缺乏人際互動、可能根本沒有同志同儕，唯一的寄託就是他的伴侶。

「你想，一個在小漁村長大的人，本來可能一輩子都要帶著這個秘密。然後有天，突然找到了一個可以和自己在一起的人，多好啊，多幸運啊……你怎麼可能會想跟他分手？再怎麼壞的人都要和他在一起吧？這輩子可能都遇不到別人了……」

因此，社工除了透過會談提供心理上的支持之外，另一個很重要的工作是提供資源，讓同志能找到社群。藉由認識更多的同志朋友，建立更完整的支持網絡，減緩影響判斷的種種顧慮，讓他更有自信走出或者面對原本焦灼的關係。然而，由於同志的隱密性，這對不了解同志，缺乏社群資源的社工卻十分困難。即便懷著很大的善意，往往也只能像當初的欣潔一樣，與個案對坐垂淚，挫折萬分。

打開雙重的衣櫃

事實上，即使對有社群資源的同志而言，遭遇親密暴力仍然難以開口求助。一方面因爲社交圈子太小又太珍貴了，大家都有共同的朋友，很多話說了怕會造成無法挽回的傷害。另一方面，就像異性戀一樣，親密暴力在同志社群內也是很隱晦的話題。

> 「身爲同志已經很難說出口了，還要說你身爲同志還受暴……所以我們說，這是一個雙重的衣櫃。」

「身爲同志已經很難說出口了，還要說你身爲同志還受暴……所以我們說，這是一個雙重的衣櫃。」

雖然熱線憑藉著同儕身份的友善和理解，能夠慢慢打開第一層衣櫃，讓需要幫助的同志願意向他們求救，但家暴畢竟涉及複雜的專業處遇和行政系統，那是當時的熱線還很陌生尙無力顧及的領域。同樣的，熟悉家暴系統的正式機構也逐漸意識到，他們需要另一把鑰匙，才能眞正觸及瑟縮在雙重衣櫃中的人。

進入體制攪動，試著改變

即便被納入家暴法的保護範圍，早期幾乎沒有同志嘗試向正式機構求助，因爲彼此都很陌生。而由於各種限制，正式機構往往也只能安排簡單的員工訓練補強相關議題。

「有的單位找我們去幫他們做員工訓練，就是應付應付兩小時。你叫我來兩小時，我賺你講師費當然無所謂啊！」欣潔扮了個鬼臉接著說：「可是說眞的，兩小時要怎麼讓社工瞭解同志社群？」

因此，現代婦女基金會在同志議題上展現的誠意使熱線感到印象深刻。他們安排了一整天的訓練。不久之後，當時的總督導心怡又帶了幾個不同區的督導一起到熱線。「她說他們想要發展這個議題，可是對這個社群很陌生，所以想問我們有沒有機會合作。我心裡一直記掛著之前那幾個case，所以就想：好，我們可以試試看！」

雖然說起來一派輕鬆，但當時要做這個決定其實經過非常久的考慮。一方面作爲少數關注同志平權的NGO，熱線的服務量和工作量已經使所有人力長期處在緊繃狀態，這時要再做一個全新的案子，一個不是短期可以完成的案子，是非常勉強的。另一方面，由於過去的不愉快經驗和長期的體制外路線，使得同志對於主流的婦女機構有些缺乏信任。

「我們內部整整討論了一個月，雖然我們有點抗拒跟這種很有制度的東西合作，可是後來想一想，如果不進去這個體制裡面攪動它，試著改變，就無法協助這些需要幫助的弱勢個案。」

同志熱線和現代婦女基金會密切合作

於是，從二〇〇九年開始，同志熱線和現代婦女基金會（以下簡稱現代）展開了密切的合作。雙方每個月都會舉行一次工作會議，除了透過交流更了解彼此熟悉的領域，也會轉介個案或進行個案討論，一起為需要幫助的人找出路。雖然工作方式和多元性別想像上有許多不同，但在相互學習的謙虛和改革的使命感下，兩個組織跨越了預期的障礙，發展出合作的默契。由擅長和公部門往來的現代負責各種行政與經費申請，並規畫專對第一線社工員的整體培訓。熱線則負責相關內容的宣講與社群內的教育宣導。

「我們一開始花了很多力氣思考到底案子要從他們那邊接還是我們這邊接，到底怎麼接比較好。結果一開始 run 了一下，就發現其實不太會有同志願意直接和他們求助，因為同志社群對這個機構完全不了解……」

因此，漸漸發展出由熱線和個案建立關係，再轉交現代進一步協助的分工模式。現代協助熱線的工作人員和接線志工了解親密關係暴力的議題，而熱線則在協助社工體系了解同志的同時，也讓同志社群認識現代。

「秘密說出口」網路平台服務

在合作的過程中，熱線也很深刻地感受到主流機構社工的困境。當時和欣潔一起開發親密關係暴力議題的治鑁就說，現有家暴系統人員流動頻繁是很嚴重的結構問題，由於勞動條件和工作要求，使得社工很難長期待在同一個位置上，經驗無法累積，培訓也只能像沾醬油。因此，熱線在二〇一三年促成了同志親密暴力服務專員的設立。同時，欣潔也從考察經驗引進了網路平台服務——「秘密說出口」；透過網路的匿名性增加同志尋求諮詢的安全感。由於這些措施，再加上同志社群逐漸對現代產生信任感，現在熱線已經幾乎不需再承擔初階個案轉介的功能。

「其實我們討論了很久，到底要做完全 for 同志社群，還是要鼓勵同志社群進入到一般的服務所。」

雖然許多前輩鼓勵熱線做一個專屬於同志的親密暴力服務，政府也願意提供資源，但是熱線最後還是決議投入改變體制的路線，鼓勵大家走入體制內。欣潔說，

和欣潔一起開發親密關係暴力議題的治鑁說，現有家暴系統人員流動頻繁是很嚴重的結構問題，由於勞動條件和工作要求，使得社工很難長期待在同一個位置上，經驗無法累積，培訓也只能像沾醬油。

同志無法從外表辨認出來，很多同志也根本沒有進入社群，散佈在台灣各地，過著不單純的單純生活。他們所能接觸到的，就跟一般人能接觸到的是一樣的。除非熱線擴展成有北中南東數十個中心的龐大托拉斯（Trust），否則還是無法幫助到偏鄉、弱勢的同志。

「不可能什麼都弄一個專屬的服務。同志不是化外之民，我們應該要幫助他們進入體制。」

當一個改變社會、解決問題源頭的人

雖然欣潔對社工身分有很高的認同，但是她並沒有進入社工體制。

「畢業之後當然會想說那接下來要幹嘛？也有想過是不是要去考證照。但是我看到很多的工作把社工放在一個服務者的角色，卻不期待，甚至不允許社工當一個改變社會、解決問題源頭的人。所以我很抗拒把自己放在那個位置上。」

隨著實習和志工經歷，她更強烈地意識到，社工雖然可以助人，但似乎都是在幫政府收拾爛攤子。如果不從問題的根源改變，社工永遠都只能在千瘡百孔的蒼穹下疲於奔命。一般國家社工與人口的比例是 1:500 到 1:1000，但在台灣，這個數字是 1:3000。當社工再也不足以承接這麼多破洞的時候要怎麼辦呢？又有誰能夠來救社工？

「如果不改變的話，情況只會一直惡性循環下去。」

二〇一五年，欣潔加入新成立的社會民主黨，以同志的形象和長照政策挑戰立法委員選舉。也在這一年，美國聯邦最高法院要求各州不得限制同性婚姻，許多台灣人也在社群網站上更換彩虹頭貼慶祝。國內從二〇一五年五月高雄推動同性伴侶註記，至今已經有九個縣市開放，試圖在地方政府的權限內盡可能彌補中央法規遲遲未能通過的問題。二〇一九年五月十七日，台灣立法院三讀通過同婚專法，允許同性二人可「登記結婚」。

選舉結果雖然不理想，但做爲一位公開出櫃的立委候選人，欣潔爲同志運動跨出了並不容易的一步。而這也不過是她已經做過與將要去做的許多不容易的事之一。一腳立於社工工作，另一腳跨在社會教育，欣潔不甘於只當一個社工，或者應該說，她立志當一位眞正的社工。

攝影｜王竹君

盼望彩虹　記得幸福

撰文　周憶如

小琴撥了電話113，手指不停發著抖。

她已經不知如何是好，到了不得不求救的時候。

「我…被…打了」小琴好不容易開口，顫抖地告訴電話那頭的接線社工。

「沒有關係，你慢慢說。打你的是你老公還是男朋友？」對方親切地問小琴。

「………」喀啦！小琴猛然掛掉公共電話的話筒，腦中一片空白。

農村的夜特別寂靜，田地環繞的小學，微亮的路燈照著校門前的公共電話。

小琴慢慢蹲下嬌小身軀，忍著身上剛被椅子、電鍋砸傷的痛，無助啜泣。

她說不出口，這傷害她最深的愛人，是女朋友，不是男朋友。

雙重衣櫃裡的秘密

同志親密關係往往是不能說的秘密，猶如戴著面具的演員，默默演出難以啓口的情感人生。特別在周邊支持系統全然缺乏的狀態下，當同志伴侶之間發生暴力問題，回應不到由兩性關係建立的家庭暴力防治模式，受到暴力傷害的同志，只能迷惘掙扎，找尋可以暫時擋避的防空洞。

小琴求救的時候是一九九八年，那一年通過家庭暴力防治法，隔年實施保護令。但，「家暴法基本上是以異性戀夫妻爲架構的資源，對不符合男女組成家庭架構的同性別伴侶關係而言，一旦發生暴力，很自然地就被以婚姻關係爲主體的救援體系給排除了。」現任「彩虹平權大平台」總召集人的呂欣潔，點出同志伴侶在面臨暴力時，無法獲得協助的關鍵。

陪伴同志走過親密關係暴力處境至今將近二十年，欣潔深感目前的家庭暴力防治服務網絡，還是奠基在以異性戀家庭爲主流的價値觀上。特別是在二〇〇七年之前，家暴法對於家庭成員的定義只定義到婚姻關係的成員，還沒有把伴侶關係列入，遑論考慮同志親密關係暴力的問題。

「家暴法剛通過的時候，當時的服務已經將各種專業資源導入到衝突的私人關係。在情感問題上有夫妻諮商、情緒管理、親職教育；如果需要司法協助的話，有司法社工與法律諮詢，義務律師……等資源；如果個案需要重建生活，社工可以連結生活所需資源與情緒關懷……」欣潔忽然停了一下：「聽起來很好啊，沒有不能協助的問題呀，是吧？但法歸法，事實上卻完全無法回應，同志獨有、不一樣的感情困境。」

原來欣潔所指的同志獨有，形容為最大的荊棘危難，便是出櫃。她左手拍右手，兩手一攤：「對同志來說，出櫃是賭性命，一翻兩瞪眼的事」。

小貓：被暴打的強迫出櫃

我們周遭就有好幾位這樣的朋友。先說十七歲迷人可愛的小貓。

小貓家裡不知道她喜歡女生，但哥哥早就懷疑了，在她房間裝了監視器。以前的監視器材可不像現在這樣精密迷你，誰看不見那麼顯目的器材掛在天花板的一角？小貓氣炸了。家境富裕的小貓爸爸去大陸設廠，媽媽怕爸爸有小三也跟著過去，就留在台南唸技術學院的哥哥小虎跟在嘉義唸二專的小貓在台灣，兄妹倆互相照顧。小貓吵不過哥哥，只好每次換衣服時就把鏡頭遮起來。

那天不是假日，原以爲哥哥不會回來，小貓跟女友在房間親熱時忘記蓋上監視器，被小虎發現，飛車從台南開車回家堵人。

小虎劈頭就一連串惡罵：「X你娘，你這個嘸正查甫嘸正查某，X你娘，我今啊日沒呷你的腳打斷，我小虎不叫你哥哥……X你娘臭X掰」他順手拿起勾鐵捲門的鐵勾，撬開房門。看到小貓女友就是一陣暴打，小貓死命擋住哥哥，叫女友快走，拔腿狂奔的女友一路飆機車三十分鐘到鄉下老家，趕快找朋友一起去救被暴打的小貓。

那是一九九四年，同志仍然受盡歧視的年代，小貓這女友是一般人說的T，外表打扮男性化的生理女性。大部分的同志，跟你我一樣，上學、上班、同儕朋友互動，交集在彼此的生活中。只是，你不說，就以爲別人看不見嗎？

紫丁香：在喜宴上被當衆羞辱

另一位被稱爲型男的紫丁香，是帶著秀氣卻英氣十足的漫畫男孩款。從有記憶開始就不愛穿裙子的他，幼稚園時喜歡綁著馬尾的小女同學，國中時暗戀代課老師，天天歡喜地跟老師交換早餐。紫丁香努力練習田徑，從國中到高中奔跑在一場場的賽事上，每次比賽總有女生爲他尖叫加油，不時有人告白，他也常在校園壁咚讓人心動的女孩兒。運動選手的身份和外型，讓他獲得許多認同與成就感。

生理女性的紫丁香從來沒有懷疑過自己喜歡女生的感覺。但出了校園畢業後，性向與外型成了絆住他往前奔跑的石子，他必須小心翼翼地，放輕腳步往前。

找工作不甚順遂，紫丁香卻比一般女生更能吃苦耐勞。他進入台灣最大娛樂歡唱的集團，成爲拚命三郎，超時工作、加班趕工，常常累到睡在公司的椅子上。可是升遷總是沒有紫丁香的份兒，因爲主管說：「我們公司從來在這個職務上從來沒有女生當過。」不服氣的紫丁香繼續忍著，不認輸地挑戰公司傳統上沒有女性做過的苦差事——廚房吧台。

好幾年過去，來來往往的人都不知道換過多少輪了，後來有一位女性主管跟公司總主管推薦說：「這個紫丁香眞的很不錯，客戶的回饋也都很好，可以試看看。」紫丁香才得以升上集團中央廚房的行政主廚。

回想這段歷程，紫丁香認爲出櫃與否並不重要，因爲他的外型就已經昭告天下了。「其實在工作上被恥笑或挖苦，我都覺得忍過去就算了。但是我最不能忍受的，是連家人都會對我的污辱，讓我永遠都無法忘記那樣的痛跟恨」。

在哥哥的婚禮上，嬸嬸指著穿西裝的紫丁香說：「你這個嘸正查甫嘸正查某，不要置這卸死卸正，緊去別位，有夠見笑。」

傳統婚禮儀式正在進行，紫丁香愣住了。這是第一次有家人指著鼻子罵自已變態，那麼從小到大並沒有說過什麼的父母呢？家人呢？此時一片靜默。

爲了顧全大局，紫丁香將嬸嬸請了出去，跟她說：「阿妗，今啊日我若有做不對的所在，妳可以呷我教，我也可以學，可以改。但是我就是這樣，我爸爸媽媽生我落來，我就是這樣，我沒學錯沒做不對代誌，你今啊日在阿兄的婚禮講我變態，我不接受。」

辦喜宴只是一天，終究會散，家人卻是一輩子。痛心疾首的紫丁香，不得已離開家鄉搬到台中，重新再來過。

櫃中荊棘，痛不可喻

一九九四年被裝監視器的小貓，用布遮了監視器，依然無法掩蓋家人的痛恨。

一九九八年打了113電話的小琴，掛掉了電話，家暴法在空間上離她還很遠。

一九九九年的紫丁香，工作上遇到的歧視，遠比老鳥欺負菜鳥殘忍得多。

誠如欣潔所言，同志出櫃，一翻兩瞪眼，必須付出很沈重的代價。

在沒有人教導戀愛的年代，情感教育匱乏至極。遭受歧視或傷害時，身邊有朋友靜靜聽，默默陪著喝酒，看著一根根抖落地上的煙蒂，他們手上用刀片劃下一刀刀的「洗衣板」刀疤，一起渡過無助、絕望、無語問蒼天的許多夜晚。同志親密暴力關係，與異性戀遭遇到的問題基本上並無太大差異，但還是有兩個必須正視的地方：一是自殘，一是出櫃威脅。

成功大學附設醫院小兒部林逸祥臨床心理師在分析同志族群自殺風險時就提

同志親密暴力關係，與異性戀遭遇到的問題基本上並無太大差異，但還是有兩個必須正視的地方：一是自殘，一是出櫃威脅。

到，同志（包含同性戀、雙性戀、跨性別、酷兒，等性少數族群）的自殺風險大約是異性戀者的二至三倍。另外，因爲龐大的壓力，同志的身心狀況也普遍比異性戀差，更容易焦慮、憂鬱、自卑。

欣潔在二〇〇四年《婦研縱橫》第九十四期的文章〈櫃中荊棘：同志親密暴力現行家暴網絡之違和〉中，形容同志伴侶因爲社會支持資源缺乏、再加上情感範本屈指可數、本身缺乏同志親密暴力知識等，當伴侶之間衝突升溫時，缺乏法律保障的同志親密關係就如同櫃中荊棘，痛不可喻。

豪豪：一再陷入暴力循環

坐在二二八公園的涼亭，豪豪圍巾遮著脖子上紅腫痕跡，嘴角上的瘀青並沒有用口罩蓋著。半工半讀在家鄉嘉義完成二專學業後，存了幾年錢爭取遠離農村，一心只想在台北南陽街尋找人生翻身的機會，渴望插班大學後，就此展開如夢如詩的大學生活，跟小說裡的男女主角一樣揮灑青春。他由阿嬤帶大，媽媽不堪家暴早早離婚另組家庭，終日怨天尤人只會賭的老爸，老找他跟阿嬤謾罵出氣。他

攝影｜王竹君

想插大考上離家很遠的學校，逃離充斥著爭吵、哭泣的暴力老家。

二二八公園的涼亭也是白先勇小說《孽子》（註1）裏阿鳳跟龍子約會的地方。「我不想當阿鳳」，豪豪再次默默掉下眼淚。在眼鏡蒙層灰後的眼睛，跟阿一樣，失神中帶著迷濛。

豪豪的男朋友名字也有個龍字，叫龍哥。龍哥年紀大豪豪五歲，在銀行工作，他們是在BBS同志交友版認識後進而交往快二年了。大約從半年前，豪豪開始常跟補習班的同學出去，龍哥開始疑神疑鬼地調查豪豪的電腦紀錄，限制他外出與返家的時間，對於他的穿著打扮也超有意見。隨著衝突越來越多，爭吵次數越來越密集，兩人關係十分緊繃。

有次爭吵中，龍哥呼了豪豪一大巴掌，豪豪驚呆！想分手的念頭從此時常浮起，卻總在龍哥隔日的哭鬧、下跪，信誓旦旦不會再犯的道歉中，又原諒了他。愛和暴力交錯並行，他們在「壓力—爆發—平靜—愛—否認」的暴力循環期中，分分合合。

上次是掃把，這次用啞鈴直接往頭上尻，豪豪回想當時自己閃過去後推了他一

治鏐強調，不論男女或跨性別同志，在暴力行爲發生的方式上雖然有所不同，但是這跟是生理男性或女性等性別身份並不相關，重要的是「性別平等」的觀念。

把，龍哥站起來就用手掐住豪豪的脖子往牆壁推，快不能喘氣了……好像小貓被老虎壓制的感覺。

但讓豪豪不敢眞正離開的原因，是龍哥自己往手上也割了許多刀，血就這麼滴著滴著，看著他威脅說：如果分手，就要跟豪豪家人講他愛的是男人！豪豪怕阿嬤會受不了，老爸會打死他，加上豪豪也覺得龍哥是愛他才會吃醋怕失去他，所以陷入混亂，沒辦法停止這樣的關係。

不定義誰爲加害人、被害人

「身爲同志已經很難說出口，你還要說出自己是受到暴力的受害者，那就更難啓齒了。」彭治鏐（音同流）擔任過台灣同志諮詢熱線協會（註2）的秘書長，也是同志親密暴力方案最初的執行者，迄今仍然致力於這方面的專業服務。

治鏐認爲，同志伴侶發生暴力的原因，與異性戀伴侶情感衝突的原因類似，像是對關係的不安全感、情感的衝突與忠誠議題，甚至於日常生活的衝突，都是遭遇伴侶暴力相向常見的原因。同志伴侶暴力因性別角色多元、權力流動多元，在分類上很難像異性戀把「男性定義為加害人，女性定義為被害人」。治謬強調，不論男女或跨性別同志，在暴力行為發生的方式上雖然有所不同，但是這跟是生理男性或女性等性別身份並不相關，重要的是「性別平等」的觀念。

在交往過程或分手後，因為糾紛、衝突衍生各種形式的暴力，或者有一方為了控制對方精神狀態，形成一種「習慣使用某些形式的力量控制對方，讓對方聽命行事」的模式，並不是同志伴侶才獨有的暴力施展模式。每對同志伴侶都有其獨特的互動方式及樣貌，因此在實務經驗中，並不會定義誰為加害人、被害人，對治謬及同仁而言，為雙方提供對等服務是主要的工作方式。

拔努哲：暴力也有ＳＯＰ

「信不信？有一天我真的會殺了他。」已經連續喝酒一整晚的拔努哲，談起自己的動手經驗，他認為伴侶之間的暴力是有ＳＯＰ流程的。那便是：眼神、碰觸、語言。

拔努哲沒有辦法忍受另一半總是試圖挑戰他的耐心，嘴硬地不肯態度軟化說

「對不起」或「我愛你」，而常陷入自我否定與被當空氣的工具人之痛苦。他認爲被激怒的原因：「第一就是眼神。當你在我的眼神下逃離了，你就已經心不在我這兒了，我會給你一次機會，觀察你，包括你的表情，是否仍然準備從我眼中逃開。」

「基本上我會期待我所提出的第一個警告，用眼神看你一眼，你就該懂了。」但如果對方不懂，然後還繼續犀利的言語刺激，那麼第二個就會是用碰觸來再次試探。「可能是我沒有發覺你的眼神，好，那麼當我碰觸你時，你就撒嬌一下嘛。可是你在情緒上繼續推辭，那整件事就沒有空間了。」

期待有空間的拔努哲，會期待「如果你愛我，那撒嬌一下」，就像小貓咪，互相碰觸一下，「那麼我們不就可以回到溫柔的階段。」對他來說，那個階段叫溫柔的碰觸，撒嬌的姿態。

拔努哲形容的暴力前奏三部曲，最後一步爲：語言。「到了言語的警示已經是很危險的了，又因爲情緒不好而不出好言，心急了，就會出手了！」

多元流動的權力關係

同志伴侶性別角色多元，伴侶雙方是生理性別相同的人，關係可以有如朋友、情人、兄弟姊妹、家人，角色的彈性與互換，無一固定模式可依循。但同志除了面臨內在的性別角色認同，也面臨外在「男生應該做什麼事情才是男子漢，女生應該做什麼才像好女人」諸如之類的形象建構，以符合生理男性/女性被社會賦予的期待。

男女同志面對什麼不一樣處境呢？根據潘淑滿教授的研究內容所提及，對女同志而言，像是婆對T的語言暴力，總是帶著貶抑，T內化了自我貶抑情緒，形成對自我的否定。T普遍缺乏安全感，T的不安對婆形成壓力，面對T的質疑，婆同樣受到傷害。但對男同志來說，權力關係是流動性的，自然無法像異性戀的伴侶暴力關係中，套入社會大衆型塑「女性爲被害人」的刻板角色，使得如豪豪跟拔努哲在處於暴力狀態時，無法超脫內在伴侶間的角色扮演壓力和外在社會父權習性，而更缺乏經營關係的學習，與處理暴力狀態的經驗。

同志的愛情與人生，要面對的不只是雙方的關係，還承受著社會期待對生理男性/女性的包袱跟壓力，只能忘記幸福，隱形求生。這種不得不把自已鎖在暗黑陰冷雙重衣櫃裡的愛情，連朦朧美都沾不上邊。

台灣同志運動的興起

「當一段關係獲得良好的社會支持網絡，通常也會有較好的問題因應模式，關係的延續也較不易充滿衝突，甚至暴力。」欣潔累積了多年的同志議題經驗，提出了對同志議題運動發展的觀察。

談到同志族群如何尋求協助之前，得先再說回一九九〇年代同志運動的興起。

台灣近代同志運動以「我們之間」女同志雜誌社團（註3）的成立拉開序幕，之後陸續出現同志社團、同志網站、同志電台以及同志書店等團體，多元且創新。下一波的校園同志社團（台大男同志社團 Gay Chat，女同志社團浪達）、聯誼社團（如 T-BAR, G-BAR, Funky）、運動性社團、宗教性社團（童梵精舍、同光同志長老教會）等也如雨後春筍般冒出，延續到二〇〇〇年正式立案的「台灣同志諮詢熱線

攝影｜王竹君

協會」和「台灣同志人權協會」，LGBT同志團體（註4）的組織化。同志運動在一九九〇到二〇〇〇年這十年間跨進了一大步。

一九八〇年代以前，酒吧是同志們相識相認的主要場所，此外還有公園跟三溫暖。一九九〇年代以後，同志的休閒空間逐漸呈現多元化的面貌，像是人稱「二哥」所經營的酒吧Funky，接住了同志在黑夜裏游移浮動的感性，同時在白天也提供同志心靈所需的知性，它創造了同志多元豐富且開朗的空間，成爲國際知名的文化地標，不少國外巨星來台灣也會來朝聖。

接著，藝文活動創造出同志的空間的多元色彩，女書店拉起了對同志友善的旗幟，晶晶書庫的成立更拉近了彩虹與社區之間的在地連接，而不再只是遠在天邊的一道彩虹。同志不再只是活躍於夜晚，也在日光的照拂下抬頭迎向明亮。

一九九六年十二月二十一日，在紀念彭婉如女士的「女權火照夜路」遊行活動中，過去鮮少現身的同志終於組團出席，雖然人數不多。原以爲從一九九〇年初開始的同志運動在各式團體陸續誕生後，所累積的同志聲量至少會有二十萬人，那麼當時在推的「民法親屬編修正草案」是否納入同志對象，應該足以在這次爲性別平等發聲的遊行中爲同志議題喊出聲量，讓社會大衆重視同志人權，督促政府趕快通過。但偌大的中正紀念堂廣場，在高達萬人的婦女、人權團體中，同志隊伍算算不到一百人，其中有九十九人還戴著面具，讓參與台灣第一個同志團體「我們之間」的同志運動前輩楚軒，不禁挫折且納悶：「天啊，原來大家都不敢出來遊行耶！爲什麼？」

或許台北正在進行著同性戀的異想世界革命，但在台北之外，卻有著更多的人完全無法正向了解什麼是同志。社會或許對同志已經開始較爲友善，但還是太慢。同志仍然必須面對一旦現身後，「如何被看待」的問題。

一支電話線開始的解憂雜貨店

「台灣同志諮詢熱線協會」的成立，緣起於一九九八年發生青少年同志接連自殺的事件，讓同志運動者決定成立一個專爲弱勢同志服務，提供社區認同和情感支持的機構。希望在張老師與生命線這類老牌生命電話諮詢團體之外，還有一個讓同志可以啓口、可以被理解的窗口。在二〇〇四年加入熱線的欣潔說：「社群互助、連結資源、建立多元共存的支持網絡，讓每位同志都能過得更好更自由，就是熱線創辦迄今不變的初衷。」

熱線一開始時的接線志工，全部都是同志，因爲「知己知彼」才有同理心，也才能眞心傾聽。特別是對同志來說，要現身公共場合將性向攤在陽光下，如果沒有處理好，反而會讓他寧願進入更黑暗的世界，移動在暴力關係與自我傷害之間。

有趣的是，雖然在社工界總被評論「實務技巧不好」的熱線，卻被政府認爲是體制外最有能力收拾同志問題爛攤子的團體。

「特別是每次媒體出現同志社會新聞，像是大學生潑硫酸、同志同居情殺案等等，這些不是致死就是情殺的社會事件，熱線就又會被政府部門想起來，趕快找我們看能做點什麼。」欣潔跟治鏐同時自我解嘲，異口同聲開玩笑的說起這個特別的經驗。（事實上，異性戀及婚姻暴力關係所導致的情殺案件比例，遠遠超過於同志情殺的案件數。）

「玫瑰少年」悲劇所帶來的覺醒

生活在台北以外的豪豪、紫丁香、拔努哲，並不知道也沒聽過同志諮詢熱線。太多年紀輕輕的玫瑰少年，面對家人、學校、社會的不認同和歧視，能選擇的只是不要管這些壓力，其實也沒有管道可以去做些什麼。

但是，他們卻都知道葉永鋕。歧視跟霸凌害死葉永誌。因爲，他們其中有人也曾經是葉永誌。

被稱爲「玫瑰少年」的葉永鋕，生前就讀於屏東縣的高樹國中，因爲與一般男孩相比氣質較陰柔，長期遭到同學以言語羞辱、肢體暴力的方式霸凌。他甚至不敢在下課時間去上廁所，同學笑他是娘娘腔，會在他上廁所時硬脫他的褲子檢查。國三那一年（二〇〇三年），音樂課下課前他去上廁所，但後來卻被發現頭破血流倒在血泊中，送醫後不治死亡。這起令人悲傷的事件，激起台灣社會對性別教育的討論，更促進了「性別平等教育法」的推動。

葉永鋕事件發生時，性別議題對教育界和地方政府而言都還很陌生，缺乏處理

> 太多年紀輕輕的玫瑰少年，面對家人、學校、社會的不認同和歧視，能選擇的只是不要管這些壓力，其實也沒有管道可以去做些什麼。

的經驗與能力。台大城鄉所教授畢恆達教授曾經直言不諱地說，如果當時沒有媒體的壓力，恐怕葉永鋕事件以及性別教育也不會被認眞討論與處理。在〈永鋕。永誌。不會或忘〉一文中，畢恆達教授談到當時在陳俊志導演的穿針引線下，教育部兩性平等教育委員會（現爲性別平等教育委員會）小組召集人蘇芊玲教授提案成立調查小組，並邀請屏東縣政府人員一起加入。

當年婦女新知基金會董事長蘇芊玲教授、勵馨基金會執行長紀惠容、台大社工系教授王麗容及畢恆達教授兩次南下屏東，聽取當地督學簡報、勘查校園現場，並訪談多位教師、行政人員、葉永鋕的同班好友，同時探視葉永鋕媽媽，並且到屏東基督教醫院，聽取醫師、社工及持續協助教育相關議題的人本基金會辦公室的簡報。蘇芊玲教授還介紹一位當地的律師給葉媽媽，提供法律專業的諮詢協助，花許多時間陪伴葉媽媽。

教育部開始推行「友善校園」運動，正在研議中的兩性平等教育法也順勢改名爲「性別平等教育法」，並於二〇〇四年三讀通過。葉永鋕媽媽出席二〇一〇年九月十八日高雄同志大遊行時，對著台下的同志們說：「我救不了我的小孩，我要救

跟他一樣的小孩」，台下幾萬人的遊行者都哭了。「孩子們，你們要做自己，不要怕！」、「你們不要哭」，她鼓勵同志們要勇敢要堅持。

她更在二〇一八年十一月，親筆寫了一封信給社會大眾與同志們（註5），透過因葉永鋕的事件而認識十多年的老師轉述心聲，鼓勵大家一定要出來領「婚姻平權」公投票。葉媽媽說：「葉永鋕還來不及長大，我不會知道他是不是同志，就算是，我也覺得他沒有錯。」

葉媽媽對同志的鼓勵，十幾年來始終如一。

並不是每一位玫瑰少年都有葉媽媽

但是，好多玫瑰少年沒有像葉媽媽這樣的母親。就像豪豪說的：「我其實很羨慕葉永鋕，他媽媽跟他說：兒子，你很正常」。

豪豪的父母從來沒有跟他說過，孩子你很正常。豪豪在國中時被「阿魯吧」霸凌，非常痛苦。「阿魯吧」是在台灣流行的男孩惡作劇遊戲，由眾人抬起某個男孩的腳，並將大腿打開後，往樹幹、飲水機、柱狀物體撞去後磨擦，使得被惡作劇的人私處疼痛不已，而眾人圍繞在四周歡呼。

但是，豪豪回家跟媽媽說了被霸凌經過，一向被爸爸嫌個性太軟弱的他，反而遭到一陣破口大罵。從此，豪豪也拉著別人大腿加入阿魯吧的行列，因爲這樣，被阿魯吧的對象才不會是他。直到到現在，縱使他已經身爲高職的輔導老師，他還是對當年被霸凌的同學感到深深的歉意與懊悔。

在《不一樣又怎樣》紀錄片—葉永鋕篇中，葉媽媽是位再平凡不過的鄉下母親，她帶著農業用遮陽帽坐在農田中，回憶兒子短短十五年的生命，面對兒子的特別，絲毫不覺得丟臉與羞恥，反而勇敢接受，在葉永鋕遭受長期霸凌時，她曾主動向校方反映，但情況並未改善。

葉媽媽說：「不一樣又怎樣」。但是沒有媽媽跟他們說「不一樣又怎樣」的玫瑰少年與鋼鐵少女們，承受的無形的壓力，可能就在某一的晚上爆發出來。拔努哲說：「有個晚上，拿著美工刀，我就割了，一刀一刀，不會痛。」他完全沒有意識，沒有覺得不舒服、不開心，更沒有覺得憂鬱。那是一種內心深心的壓抑，透過自殘在尋找出口。

> 葉永鋕媽媽說：「我救不了我的小孩，我要救跟他一樣的小孩」「孩子們，你們要做自已，不要怕！」、「你們不要哭」。

情感和性別平等教育很重要

台北性別平等教育協會莊淑靜理事長談及情感教育的多元需求時，提到成年人面對年輕人在情愛中的期待、迷惑、靦腆，有一種「時差」，這種時差容易讓大人們忽略了傾聽、同理，也遠離了年輕人在面臨情關時需要的幫助。

而台灣在二〇〇四年六月實施「性別平等教育法」後，許多民間團體如「台灣性別平等教育協會」、「台灣同志諮詢熱線協會」、「婦女新知基金會」、「台灣女性學學會」及「台灣女科技人學會」等，持續關切校園性別平等教育推動的相關問題，監督性別平等教育法的落實與執行成效。

面對不同年齡、性別、性取向多元的情感關係，因應的策略與教育也應該不同。台灣的情感和性別平等教育也如雨後春筍發展了起來，許多從基層小學到成人教育的「教你如何愛」的情感教育課程，努力推動改變僵化的性別不平等社會環境。例如新北市性平教育輔導團員王筱慧老師，在與教師們討論情感教育時，總會放幾首情歌，讓大家回憶初戀的記憶，提醒教師們「別忘了！那些曾走過的青春年少！」以初心陪伴孩子一起探索和學習。

我們也可以借鏡國外的做法。根據《天下》雜誌二〇一七年十二月在針對教育趨勢的報導〈愛不到就毀了他？正是時候推「情感教育」〉中，提到美國加州教育廳爲了幫助學生發展學校學習及生活中所需的各種技能，要求中小學必須在課堂中融入社交及情感學習，包括幫助學生瞭解自己的感情、培養對他人的同理心、建立健康的人際關係，以及做負責任的決定。

加州還有一個提倡社交及情感學習的「學業、社交和情感學習協作組織」（Collaborative for Academic, Social and Emotional Learning，簡稱 CASEL），製作了兩冊包括學前教育、小學版以及國高中版的社交和情感學習指南。而加州教師資格證書委員會也要求自二〇一七學年起，師資培育機構應該培訓相關課程。

從二〇一九年起，台灣性別平等教育協會開始推動「千德爾：彩虹小隊的宇宙冒險！爲國中小師生設計的12堂情感教育課程」計畫，以豐富素材呈現情感的多元面貌，提供給全國教師做爲情感教育的推動教材。

同婚公投及其挫敗

紫丁香說：「其實身爲同志，我們在意的不是能不能眞的結婚。我們在意的是人權，要的是一個權利。如果性別平等教育能落實，大衆就會知道我們跟大家都一樣，想跟愛的人大方牽手，而不是被當成隱形或者是見不得光的人。」

婚姻是基本人權，但同性伴侶長期沒有法律保障，國家福利制度設計以家庭爲單位，沒有身分保障，他/她們將掉落在國家最基本的安全網之外：

- 同志伴侶結婚時，無法請婚假。
- 繳交多年的勞保費，若有一方不幸過世，另一位同志配偶領不到遺囑年金。
- 另一半生病，或面臨生死存亡時，誰是可以簽署相關醫療同意書的人？
- 沒有配偶身分的同志伴侶，無法為彼此安排財務的相關財產權保障。
- 更別說倘若領養子女或「做人」生子，要符合複雜的收領養法規有多難。

所有在民法中合法夫妻可以實行的權利，同志伴侶都無法爲伴侶主張權利。而同志渴望的基本人權，僅僅就是希望同志婚姻也能夠同等異性戀婚姻，擁有婚姻平權的基本人權。

從二〇〇九年開始，台灣伴侶權益推動聯盟（以下簡稱伴侶盟）為了推動當時還沒有社會能見度的「多元成家運動」，走過所有的民主程序：二〇一三年提出第一部民間版婚姻平權民法修正草案，並送入立院通過一讀；二〇一四年抗議政府延宕婚姻平權立法、督促遊說國會排審法案，發動包圍立院的「彩虹圍城」，同年也開始採取司法行動，伴侶盟代理祁家威及另外三對同志爭取婚權；二〇一五年伴侶盟代理祁家威聲請釋憲，並採取從地方包圍中央策略、積極遊說地方政府開辦「同性伴侶註記」；二〇一六年的立法倡議攻防；二〇一七代理祁家威案釋憲成功；二〇一八打公投戰……終於到達同志得以「結婚」的最後一哩路。

二〇一八年十一月二十四日，「愛家公投」與「平權公投」開出結果，由於由反同婚陣營與平權公投反對票遠超過同意票，許多人感到悲憤不已，甚至傳出七名同志以自殺表達抗議。長跑同運三十年的前輩祁家威在接受媒體採訪時鼓勵大家：三十年前台灣同志處境與今日相比，反同志人數一半一半減少、挺同的人一倍一倍增加，未來一定會更好，希望感到受傷的青年與同志要勇敢活下去。

> 紫丁香說：「我們在意的是人權，要的是一個權利……我們跟大家都一樣，想跟愛的人大方牽手，而不是被當成隱形或者是見不得光的人。」

古亭長老教會的陳思豪牧師長期以來支持同志，他語重心長地鼓勵站在一起進行議題運動的同志們：

「要記得，看不見的才是盼望。過去啓動現在，現在啓動未來，請先好好照顧自己，現在是過去的因，種下的過程讓自己活到平權的那一天，未來是會發生果的獲得。」

權利是爭取來的，空間是創造出來的。同志族群既強壯又優雅，這一場性別平等的工程不會停，夢要繼續大膽做，堅持改變，有一天會成眞。

揚起彩虹旗，邁向性別平權

二〇一九年五月十七日，台灣立法院三讀立法通過同婚專法（註6），關鍵的第四條條文，允許同性二人可「登記結婚」。同年五月二十四日生效，同志終於可以登記結婚了！

國際媒體爭相報導，台灣成爲亞洲第一個可以同性登記結婚的國家。依據內政部統計資料，在二〇一九年五月到八月底，已經有四〇六對同性伴侶登記結婚。台灣確定成為亞洲第一個同性婚姻法制化的國家，成功邁向歷史新頁。

台灣同志諮詢熱線協會在同婚專法通過而開心的同時，仍不忘呼籲：「婚姻平權不是句點，是逗點！」

欣潔提醒得好：「在整體社會對同志親密關係不瞭解之前，有關同志家暴防治工作，相關網絡檢、警、社工及心理衛生醫療仍停留在許多的偏見與刻板印象，難以進入到眞正與同志案主工作。如何推進破除對同志社群的偏見與迷思，如何建立同志友善資源，協助處理各種同志親密關係衝突的下一階段，是我們要繼續努力與推動的工作。」

沒有一段關係是百分之百的美好或痛苦，但我們相信：每個人都値得好好的愛與被愛。讓同志與兒童、婦女、身心障礙等弱勢族群，一樣能夠享有暴力防治網的資源與福利，最重要的是需要社會大衆的瞭解同理、尊重接納，而性別意識與文化素養，正是目前仍需積極持續推動的社會倡議工程。

社會福利制度是否已經準備好創造一個安全的環境，讓受到暴力傷害的人，能夠面對自已與對方的親密關係？能夠面對當下的狀態？或者是，能夠討論各種關係發展的可能性？更多需要細緻面對的問題與議題，都需要一個真正對同志友善的助人環境，才能讓立法良意真正落實。

這條路走得艱辛，但同志們一起走過許多荊棘，打開了一個又一個櫃子。雖然在過程中，錯誤的資訊、不平等的觀念讓同志很受傷，但不管如何，希望同志們，以及支持性別平權的我們，能夠繼續以尊重與愛看待所有該被尊重的人們，盼望著揚起彩虹旗，邁向真正實現性別平權的那一天。

註1：《孽子》

《孽子》，長篇小說，白先勇著，一九八三年出版。小說以同性戀者的生活為主，藉由龍鳳神話等過往的同性戀曲，反映一九七〇年代前後同性戀族群被家庭、學校與社會、國家放逐的邊緣處境，呈現同性戀者身體與心靈雙重流亡的困境，為台灣同志小說的經典之作。扉頁上的題詞：「寫給那一群，在最深最深的黑夜裡，獨自徬徨街頭，無所依歸的孩子們」，流露作者創作的初衷與悲憫情懷。（參考來源：好讀網站 www.haodoo.ne）

註2：台灣同志諮詢熱線協會

一九九八年三月，一則青少年同志自殺的新聞報導，讓同志運動的參與者感到震驚與心痛，於是由「同志助人者協會」、「Queer & Class」、「同志公民行動陣線」及「教師同盟」等4個團體攜手發起，聯合許多熱心朋友共同參與，「同志諮詢熱線」在台北公館正式成立，並在同年六月開始提供同志朋友服務。（https://hotline.org.tw/aboutus）

註3：「我們之間」

「我們之間」是台灣第一個女同志團體，成立於一九九〇年二月二十三日，是同志運動史上的里程碑。成員含括各階層與年齡層，曾加入的會員超過四千人，曾出版《女朋友》雙月刊雜誌。

註4：「LGBT」

LGBT是女同性戀者（Lesbian），男同性戀者（Gay），雙性戀者（Bisexual）與跨性別者（Transgender）的英文首字母縮寫。在詞語後方加上字母「Q」，代表酷兒（Queer）和或對自己性別認同感到疑惑的人（Questioning），便是「LGBTQ」。

（參考資料：LGBTQ.tw 台灣酷家同志友善網站 https://www.lgbtq.tw）

註5：二〇一八年十一月十九日葉永鋕媽媽的親筆信

（台灣性別平等教育協會 https://www.tgeea.org.tw/lgbt/5289/）

大家好，我是葉媽媽，葉永鋕的媽媽。我從小就是一個看見不公平就會大聲罵的人。而我的小孩葉永鋕卻很喜歡打毛線、做家事，左右鄰居覺得他很貼心，是個很溫柔的男孩子。當葉永鋕跟我說有人會笑他娘娘腔、會脫他褲子的時候，我教他要勇敢罵回去，爭取自己的權利。我常常會想，為什麼這一點他沒有遺傳到我，也都教不會。小時候我帶去給醫生看，醫生說他沒問題，有問題的是我們家長的觀念。我聽完比較安心，因為我知道他有遺傳到我心地善良、喜歡幫助別人的優點。後來葉永鋕過世了，我很難過，很不甘心這種事會發生在我們身上。我每天都在哭，朋友帶我出去走走，但我對她們很抱歉，因為我哭了一整路，就連廟裡熱鬧，我看到乩童、八家將時，也在眾人面前哭得好大聲，因為那曾經是葉永鋕最喜歡看的。那段時間我都睡不著，醫生開了一個月的安眠藥給我，有時候我覺得自己好像想開了一點，但下一秒心又馬上糾結在一起。我好幾次想抓起一把安眠藥吃下去，這樣是不是就可以看到葉永鋕。後來我叫醫生不要再開安眠藥給我，因為我還有家人需要我，我就不停地找事情做，來轉移注意力。日子過得雖然辛苦，但很多支持我的朋友，人本教育基金會跟台灣性別平等教育協會當我的拐杖，讓我重新站起來。因為我走過這條擔心又自責的路，我很瞭解家長的心情，更捨不得同志的處境本來已經有好一點了，台灣人的觀念已經有在改變了，但現在卻被那些反同團體用力踢進櫃子裡。有人說同志教育會把學生教成同志。我說最好那麼會教，把孩子都教到升天好了。如果同志是教出來的，那為什麼同一個家庭會教出有異性戀跟同性戀的小孩？

有人說同志教育不可以太早教，但早點教同志教育才能讓學生認識世上不只有男女，還有第三種、更多種性別存在，大家才會知道同志沒有錯。不是同志的要去支持鼓勵同志，爭取他們的人權與生存空間。不要我們身邊明明就有同志，卻把他活活害死了。同志教育會讓學生性氾濫嗎？我聽他們在黑白講，同志教育又不是看A片，怎麼會越教越癢。如果要保護學生，預防性騷擾或懷孕，性教育跟保險套才更要教。還有人說，學校只要教學生尊重男生可以溫柔、女生可以勇敢就夠了，不需要教同志教育。但同志被欺負得那麼慘，怎麼可以不教！反同的人對待同志就像中國欺負、霸凌台灣那樣可惡。難道台灣的學校到現在還不准學生講母語，不能接觸台灣的歷史嗎？我是一個扛鋤頭、舉畚箕、打赤腳的鄉下農婦。葉永鋕還來不及長大，我不會知道他是不是同志，就算是，我也覺得他沒有錯。我覺得父母的觀念最重要，很多父母不接受小孩是同志，覺得他們被指指點點，很丟臉。但我要跟他們說，小孩是你生的，你養大的，你不接受自己的同志孩子就是不接受你自己。父母一定要先支持自己的小孩，如果我們都不接受，誰要來疼惜他們。同志是有靈魂的生命，不是任人擺布的傀儡，不是教就可以教得來，逼就可以改得掉的。葉媽媽很願意　同志做更多，可是我的力量不夠，只能講這些話來鼓勵大家，但我永遠跟你們站在一起，也希望大家公投記得同意13、14、15，一生一世愛我。我們一起努力！

註6：同婚專法第四條條文

司法院大法官會議在民國一〇六年五月二十四日做出第748號解釋，認為現行法令未保障同性婚姻、違憲，要求主管機關在解釋公告後兩年內，條改相關法律。立法院一〇八年五月十七日三讀通過司法院釋字第748號解釋施行法，規定相同性別人可向户政機關辦理結婚登記，台灣成為亞洲第一個同性婚姻合法化國家。

其中最關鍵的內容為：「成立第2條關係應以書面為之，有2人以上證人之簽名，並應由雙方當事人，依司法院釋字第748號解釋之意旨及本法，向户政機關辦理結婚登記」。

楊素雲

學歷：東海大學社會工作學系碩士

現職：家管

重要經歷：

- 婦女救援基金會目睹家暴兒童社工師
- 台北市大安婦女中心社工師
- 光智基金會社工師

相信孩子，永不放棄社工信念

撰文　胡頎

「很多人聽到我是社工，第一個反應都是：『妳好有愛心！』其實我不特別有愛心，只是特別不想放棄。」

升大學那一年，楊素雲（素素）在一場科系博覽會中第一次聽到「社工系」。學姊告訴她，這是一門關於怎麼跟人接觸的學問。一股難以言喻的好奇，讓她將社工系悄悄夾在志願卡不上不下的位置，接著，在琳瑯滿目的商科和語言專業中，不偏不倚地落腳、起步。

「剛開始，老師希望我們自組一些團體，聊聊自己成長的過程，所以我有機會回頭重新做一次整理，看看自己成長過程到底發生了什麼事。然後我突然覺得，自己好像也沒那麼可憐嘛……」

素素一面笑，一面仰著頭不讓淚水流下。

因爲父親早逝，單親家庭讓她一直覺得自己和別人不一樣，好像有些缺憾無法彌補。而社工系的學習與經歷讓她明白，很多時候缺憾就是人生的常態，不是任何人的錯，但即便帶著缺憾，本身所擁有的仍足以讓生命完滿。

也許本著某種母性，也或者是成長過程中的收穫，素素對兒童和青少年特別有感情，因此從大二開始，就到少年輔導委員會當志工。然而進入正式實習後，她發現社工要做的不只是陪伴，面對各式各樣的孩子勾起的複雜情緒，單憑感情再也不足以支撐。

「那時候我想：這些社工老師都有專業，所以知道要怎麼處理，我應該是還不夠專業。所以就決定去讀研究所，讓自己精進……」她停了一下，爆出一陣大笑說：「結果完全不是那麼一回事。」

雖然理論傾向較重的研究所對實務困頓沒什麼直接幫助，但素素卻在那兒學會如何獨立觀察、解決問題，也有機會去了更多公私立機構學習。而這兩年多的時間，也恰好足以讓婦援會醞釀目睹兒童專案。

婦援會最早提出目睹兒議題

一九八七年，台北市政府和民間團體開始受理受虐婦女與兒童案件。

一九八九年，台北市政府設立第一支受虐婦女求助專線。

一九九二年，全台灣第一家婦幼緊急庇護中心成立。

一九九八年，〈家庭暴力防治法〉正式通過。

一九九九年，各縣市政府成立家庭暴力暨性侵害防治中心。

雖然觀念的曙光逐漸穿透那籠罩在「家務事」陰影下的暴力，可在社福系統缺乏整合的情況下，未直接受暴但確實感受到的兒童很容易被邊緣化，只能從以受暴者爲主的婦保、兒保機構，得到片段的有限協助。一旦主要對象（如受暴婦女）停止接受服務，他們也就跟著消失。

一九八〇年代起，美國便開始針對目睹兒童進行協助，而台灣在目睹兒童該如何定義、由誰服務等問題上始終無法達成共識，因此直到二〇〇〇年前後，公部門對目睹兒童的處遇仍然相對被動。反倒是第一線服務受暴婦女的民間團體察覺到目睹兒童身上看不見的創傷，開始積極推動相關議題。

婦女救援基金會(以下簡稱婦援會)長期投入家暴、慰安婦、人口販運等議題，也是台灣最早推動目睹兒議題的團體之一。「之所以決定推這個議題，一部分也是募款考量。」佩玲說。社會對婦援會當時投入的議題都相對冷感，募款十分困難。

雖然兒童較容易讓社會大眾願意理解、同情，傳統募款也傾向以單純動人的故事為推廣媒介，但當時擔任執行長的吳佩玲卻不願意停留在這個層面；她希望釐清目睹家庭暴力對兒童身心究竟會有什麼影響，該如何確實地協助。因此，整個團隊便努力閱讀、討論，寫了一系列投書，累積足夠的能量之後，更在會內開設了一名目睹兒童社工的職位。

剛從研究所畢業的素素去應徵了。

「當時我的選擇都是兒童青少年的機構，對婦女機構沒什麼興趣。去婦援會面試後本來想算了，可剛好就看到佩玲她們在電視上講慰安婦的議題，我可以感受到她們對服務對象眞實的情感，所以我就去了。」

面對小孩最基本的是信任

二〇〇四年三月八日，素素成為婦援會婚暴組下的目睹兒童社工。該年底，由於婚暴組受台北市政府委託轉至大安婦女中心服務，目睹兒童正式成為婦援會下的獨立組別。

婦援會長期投入家暴、慰安婦、人口販運等議題，也是台灣最早推動目睹兒議題的團體之一。「之所以決定推這個議題，一部分也是募款考量。」佩玲說。

「一開始在婦援會其實比較多時間在做婦女的工作，我也還在思考目睹兒到底是什麼。」雖然仍在摸索，但素素知道面對小孩最基本的是信任。

「一般人很容易忽略面對暴力需要多麼充分的心理建設。」素素說，即便只是透過小孩的轉述，許多人仍會不自覺流露出害怕、嫌惡、尷尬、避諱、懷疑等情緒反應。但小孩很敏感，一旦在言談中感到對方不自在、無法坦然，他就會選擇沉默。畢竟受傷的心沒有理由要對同樣無措的陌生人敞開。

「我們會一邊玩一邊聊，在比較輕鬆的氣氛下讓他知道我們是誰，為什麼他會在這邊。讓他知道我們遇過很多有著類似遭遇的小朋友，所以如果什麼時候他有需要，什麼時候他願意，他就知道到哪裡可以獲得幫助。」

一般想像中，社工就是照顧社會弱勢的人，但在素素的描述裡，社工除了第一線協助，更重要的是了解對方真正的處境與需求，然後站在較隱退的位置，為他重新編織一張支持網。

許多目睹兒童最大的困難源於生活動盪，沒有寄託。父母分分合合，不斷搬家，不斷在親戚中周流，唯一穩固的情感對象往往正是深陷暴力陰影無法自救的母

> 即便只是透過小孩的轉述，許多人仍會不自覺流露出害怕、嫌惡、尷尬、避諱、懷疑等情緒反應。但小孩很敏感，一旦在言談中感到對方不自在、無法坦然，他就會選擇沉默。畢竟受傷的心沒有理由要對同樣無措的陌生人敞開。

親。素素說，不應該把所有責任都交給婦女承擔，但社工也不可能直接去替代那個位子，所以必須在社會網絡中找出眞的可以長期穩定的支持，並讓扮演那個角色的人確實知道如何支持。

目睹兒童服務很多時候會以團體進行，比如透過繪畫、音樂、戲劇等活動讓小朋友自由發揮，藉以了解他的情緒、感受及與人互動的種種表現。團體治療往往是由專業治療師負責，素素則在一旁學習、紀錄和督導討論，並盡可能讓每個小朋友能穩定參與。

「比如在剛成爲目睹兒社工不久的時候，有一次我發現一對姊弟突然不來了，就去了解到底發生了什麼事……」

一對小姐弟的故事

電訪後素素才知道，那對姊弟的母親患有躁鬱症，當時因情況較嚴重所以住了院，姊弟改寄宿在父親住處，日常生活則由阿姨照料。阿姨知道他們在進行團體治療，但不清楚究竟有什麼意義，所以當學校老師告訴她孩子的課業落後，她便停止團體治療，讓他們留校參與課後輔導。於是素素去找那位阿姨，向她解釋團體是做什麼的、爲什麼希望小孩可以持續參加。

「談著談著，她和我便有了很多想法上的共識，後來也都很積極配合。她其實也蠻高興的，因爲她和小孩的媽媽算是很親近的姊妹，一直希望幫忙，但就是不知道應該怎麼做……」

同時，素素也和他們的父親溝通，讓他了解小孩的情況，重新建立支持的親子關係。

「我說需要討論，他就來了。穿著球衣，戴著鴨舌帽，簡直像個青少年，這麼大一個人，其實面對我們還是很緊張的。」素素笑著說，「因爲我的工作核心在小孩，所以比較不會對父親有先入爲主的負面看法，父母的問題是一回事，親子的問題是另一回事。」

「後來我發現，對弟弟而言，爸爸其實挺有趣的，因爲來來去去，不算眞的生活在一起，所以沒什麼負面影響。」反而是媽媽，因爲關係緊密，狀況又不穩定，所以對小孩造成明顯的心理壓力：「只要媽媽狀況一變糟，弟弟就會開始嚴重結巴。媽媽好了，他的結巴就比較好了。」

因爲母親不斷進出醫院，父親後來又到大陸工作，阿姨便承擔了照顧的責任，一面帶著孩子參加醫院治療，一面參加婦援會的親職教育，努力幫他們重新建立生活規範，培養自理能力。素素也在一次次家訪中和小孩的家庭建立深厚的信任，提供評估和諮詢。結案後幾年，小孩的母親在一次躁鬱症發作中自殺成功。素素重新開案，和阿姨一起陪他們走出來。雖然情感上很難接受，但最後的塵埃落定反而讓姊弟終於能專注在自己的生活，學業表現也一下子突飛猛進。

「現在他們都有自己的生活和朋友，我們沒有持續聯絡，但就是大概知道他們發生了什麼事。」素素停了一下，視線離開我，望向前方：「持續這麼長的時間，走到一個眞的穩定的狀態，然後社工這個角色離開他們的生活，他們還是有自己的步調，我覺得很高興，尤其是看到他們對生活都沒有失去信心，那是一種，有希望的感覺。」

當婦女利益與兒童利益衝突時

社工除了作爲橋樑，讓生活圈中的人能貼近他們的處境、提供眞切的支持，更重要的或許是協助當事人走出怨恨、罪咎等單向歸因，較客觀地審視自己究竟在哪兒、爲什麼在這兒、要走到哪兒去。

「很多時候，大人的選擇和孩子需要的本來就是有落差的。」

一般人的想法，總覺得能讓母親帶著孩子離開施暴者是最好的，但有些時候母親不見得想離開。素素曾遇過一位婦女，一直相信丈夫會拳腳相向是業障，必須用愛來化解。因爲宗教信仰的支持，她在家暴環境下仍保持還算正常的心理狀態，可是同樣受虐的大兒子卻完全沒有得到協助。小孩常常看到媽媽受虐，很想帶著媽媽一起離開，可是她更想和丈夫在一起，想改變他。

因爲大兒子不是丈夫親生的，所以當這位母親生了老二，就想把大兒子送去技術學校，不要留在家裡，期待這樣家庭能更和諧一點。在很多類似的故事中，孩子產生了「母親受暴是自己的錯」的強烈罪惡感，責怪自己不該存在，責怪自己沒有能力保護母親。也有些小孩進而將失落轉化成對母親的怨懟，惱恨她懦弱、依賴。

「也不能說那位媽媽有什麼錯，但就是可以看到小孩眞正的需求是完全被忽略的。」而社工應該做的，是在如果無法影響母親的最佳選擇下，也能讓他們能對現在的家庭關係有最多的了解，用相近的語言和他們溝通，盡可能照顧到每一個人的需求。素素說：「我覺得，只從婦女的角度，或者只從兒童的角度切入，往往會變成可怕的戰爭。做婦女的會主張婦女的自由、最大利益，做兒童的也會主張兒童的最大利益然後去指責婦女，但這樣都沒辦法讓關係更好啊！」

「和母親的戰爭」凸顯了系統的問題

素素加入時，婦援會還是二十幾人的小規模組織，許多工作都由大家一起討論、商議，一人身兼多職讓她更能跳出專業眼光的死角，靈活地去思考和同理。

「一開始兒童輔導只有個別和團體，但這就是把婦女排除在外，她會有很大的不安感：妳把我的小孩搶走了，妳到底跟她說了什麼？這樣小孩回去就會一直被追問，也就不敢講太多。所以後來又開了親子的輔導。」素素笑著說：和小孩的媽媽

「只從婦女的角度，或者只從兒童的角度切入，往往會變成可怕的戰爭。做婦女的會主張婦女的自由、最大利益，做兒童的也會主張兒童的最大利益然後去指責婦女，但這樣都沒辦法讓關係更好啊！」素素說。

戰爭一點勝算都沒有，「她覺得不安，就直接把小孩帶走了呀！」

「和母親的戰爭」其實凸顯了系統的根本問題：專業化讓社工容易聚焦在自己的服務對象，忽略整體脈絡，就像機器大轉軸壞了，工人卻只知道修理他負責的齒輪。尤其當一方是普遍受同情的兒童時，同樣需要協助的家長往往會益發感到無助、不被理解。許多人固然知道要跳出框架限制，但有時家長和兒童分屬不同社工，甚至家長因爲覺得得不到幫助，同時申請了許多不同社工，使得資源整合變得萬般困難。而社工繁重的業務更使上述情況雪上加霜。

「有些人最後都在社工的網絡間變得很有名了……」素素想起挫折的經驗，露出苦笑：「一開始她會很積極，一直要你幫忙，也都很好溝通。結果到某一個階段，突然又覺得你不可信任，覺得你都是來要搶我的小孩的，覺得你都不了解我，然後就又換另一個社工，一直在社福體系裡面打轉，一直得不到她想要的幫助。」

有時候，無助的婦女將滿腔怨氣投向社工，社工一邊努力推動，一邊承受當面的辱罵和暗地裡的流言蜚語，更有運氣不好的人因爲上司不明就裡而成爲上下夾攻的對象。那種枯竭、無助和煎熬，幾乎是家暴服務的社工必經的夢魘。

「和母親的戰爭」其實凸顯了系統的根本問題：專業化讓社工容易聚焦在自己的服務對象，忽略整體脈絡，就像機器大轉軸壞了，工人卻只知道修理他負責的齒輪。

「那時候我眞的覺得，我們才是受暴者。」

幸運的是，素素的督導康淑華給了她及時的支持，爲她安排了一週的休息（這就社工而言是極長的假期），之後再聯繫那位婦女接受專業的心理評估，將她和小孩轉介給適合的家族治療師。

幾年後，素素轉到社區做單親服務，再次遇到那位婦女。不過這次，她們的關係有了一百八十度的轉變。由於她是主要開案對象，素素自然以她的需求、經濟狀況評估爲主，於是，婦女開始覺得素素是一名「好社工」；由此再延伸談到子女目前的情況，也不再因爲強烈的焦慮而反彈。

從這個點回頭看，素素完全可以理解：當時那名婦女由於無法走出自己的困境導致對孩子的照顧有嚴重疏忽，但因爲接觸的主要都是兒童社工，自然會一直被否定、指責，進而使她覺得自己不被接納、受到迫害，更加難以走出。

「明明是同一個個案，可只有從不同角度切入，就能眞的看到案主的需求，幫助到她和小孩。」

從社區經驗，學會從婦女的角度去協助兒童

素素從目睹兒童轉入單親婦女，也是一段因緣。

二〇〇九年，婦援會承接的大安婦女服務中心由家暴婦女轉爲單親家庭服務，前執行長轉任爲中心主任的佩玲，一方面看到素素幾年來的全力投入，另一方面也想到她的單親背景，佩玲第一個邀請的同仁便是素素。就像五年前，素素再次爲佩玲的眞誠打動，一腳踏入幾乎全然陌生的領域。

「那是我眞正開始做婦女工作。在那之前，我其實還是一心想做兒童和青少年。有了社區的經驗，我才學會從婦女的角度去協助兒童。」

「什麼叫從婦女的角度？」

「就是了解母親的角色。了解她們現實中的處境，而不是以專業、理論的角度要求。」素素笑著說：「她經濟要先穩定，才有可能專心投入輔導啊！」

在婚暴服務中，專業社工聚焦在暴力和創傷，卻較少協助婦女走回正常生活。很多時候我們容易將家暴視爲個人問題，卻忽略了深層的社會結構、權力關係和原

生家庭影響，這些如果不能獲得較好的處理，受暴婦女即便短暫衝出，也很容易再度跌回羅網。

「我認識一位大姊，喪偶之後因爲要撫養幼兒，所以希望能有一個正常家庭，可幾次遇到的人都是一開始很好，幾個月後就開始嚴詞辱罵拳腳相向……簡直像詛咒。」素素的描述，讓我忍不住想起那位大姊，忍不住想起她低著頭對我說：「我想我上輩子一定做了很多壞事。」

「嗯，有些婦女眞的蠻容易遇到有這種特質的人。」素素沉思一會兒之後說。與其說是詛咒，較常見的往往是原生家庭的暴力陰影讓她們背著雙重的恐懼，無從求助，產生習得無助感（Learned helplessness），加上傳統社會對受暴婦女的成見更讓一步之遙的正常生活可望不可及。

生命總在不可能的境地綻放出力量光輝

另一方面，社區對單親婦女的服務，主要著眼於弱勢身分。因此重心多放在就業輔導、補貼、宣導，對部分單親女性曾遭受到的暴力影響卻缺乏意識。許多施暴者會使用暴力是爲了對妻小展現控制，即便法律上的婚姻關係結束了，他們還是會頻繁地出現在受暴者的生活中，試圖繼續控制。而婦女在跟蹤、威脅的恐懼下，其實很難正常生活。

即便沒有這樣迫切的威脅，由於一般社區社工對於暴力創傷較不了解，往往無法理解婦女在重新立足的過程中可能遭遇的心理困難。素素說，她曾經遇過一位因爲家暴而罹患重度憂鬱症的婦女，整整兩年，她完全不知道自己在做什麼，一點記憶都沒有。爲了脫離那個家庭經濟自立，她每天就像行屍走肉一樣推著餐車去賣，賣完就回家，也無法照顧小孩。

「長期凝視這些黑暗的角落，不會很無助，很難承受嗎？」

我想起素素說她剛成爲社工那年，幾乎每天晚上都做惡夢，婦女和小孩描述的場景反覆出現在她腦海。那和當志工陪小朋友完全不同，痛苦變得非常切身。

「那時候會很擔心自己不夠專業，沒辦法讓他們得到需要的資源。」

但多年來和婦女孩童一同奮鬥努力的經驗讓她明白，即便體系有許多缺失，即便應當支持的社會網絡總是不完滿，但生命卻一再在不可能的境地綻放出不可思議的力量光輝。像前面說的那位推餐車的母親，後來幾乎完全走出憂鬱的陰霾，成功經濟自立，並重新和孩子建立關係。而最前面的那對姊弟，也在整理好情緒後扎穩腳跟，還投入社會工作的隊伍。

社工照亮了幽暗中的人，而幽暗中的人照亮了幽暗。

離開組織，不離開信念

在素素心目中，最理想的社工機構是像早期婦援會那樣，由不同組別的人共同參與、討論，一方面能更周延地提供服務，同時也能協助社工培養寬闊的視野。而能跳出框架在各部門間輪調協助，對素素而言更是十分珍貴的經驗。

但發展的腳步似乎不允許後來的社工選擇同樣周折的路徑。

經過數年的倡議，內政部於二〇〇六、二〇〇七年先後委託善牧基金會和婦援會編製協助目睹兒童的手冊和教案。這一方面標誌著目睹兒童的認識與服務終於有了較能為世人理解的完整樣貌，另一方面卻也暗示著過去自由探索蘊含的無限可能，將一點一點為符合官方標準的框架侷限。

> 即便體系有許多缺失，即便應當支持的社會網絡總是不完滿，但生命卻一再在不可能的境地綻放出不可思議的力量光輝。

「往好處想，這意味著更多人能看到，更多資源會流入。」素素努力拿捏著用詞：「只是爲了爭取資源，機構很容易就被政府牽著走，漸漸失去自己的主軸，對議題也很難有新的推進。」

隨著婦援會組織發展日益完備，素素發現原本共同討論、共同創建的工作模式也逐漸走入歷史，取而代之的是企業化的人力分配。本該在第一線服務、發現議題的社工，往往被迫將絕大部分的時間花在編製和宣導教材上。但要將自己塞回制式的框架，對早先曾被賦權的社工而言毋寧太過痛苦。

二〇一〇年，大安婦女中心的工作結束後，素素決定離開婦援會。

「我當初進來這個機構，就清楚知道我們是爲了推動議題。走到這一步，這個角色的任務就完成了。」素素堅定地說，沉默一陣，又抬起頭：「只是在個案上，可能可以更去貼近他們的需求……不知道有沒有人繼續在耕耘……」

素素的桌上擺了好幾本關於目睹兒童的研究，每一本都貼了許多便籤，充滿密密麻麻的折痕和記號。對她而言，社工是一份工作，更是一種信念。生命就像月亮一樣，圓滿難免帶來缺憾，缺憾也將孕育新的圓滿——只要不放棄。

社工照亮了幽暗中的人，而幽暗中的人照亮了幽暗。

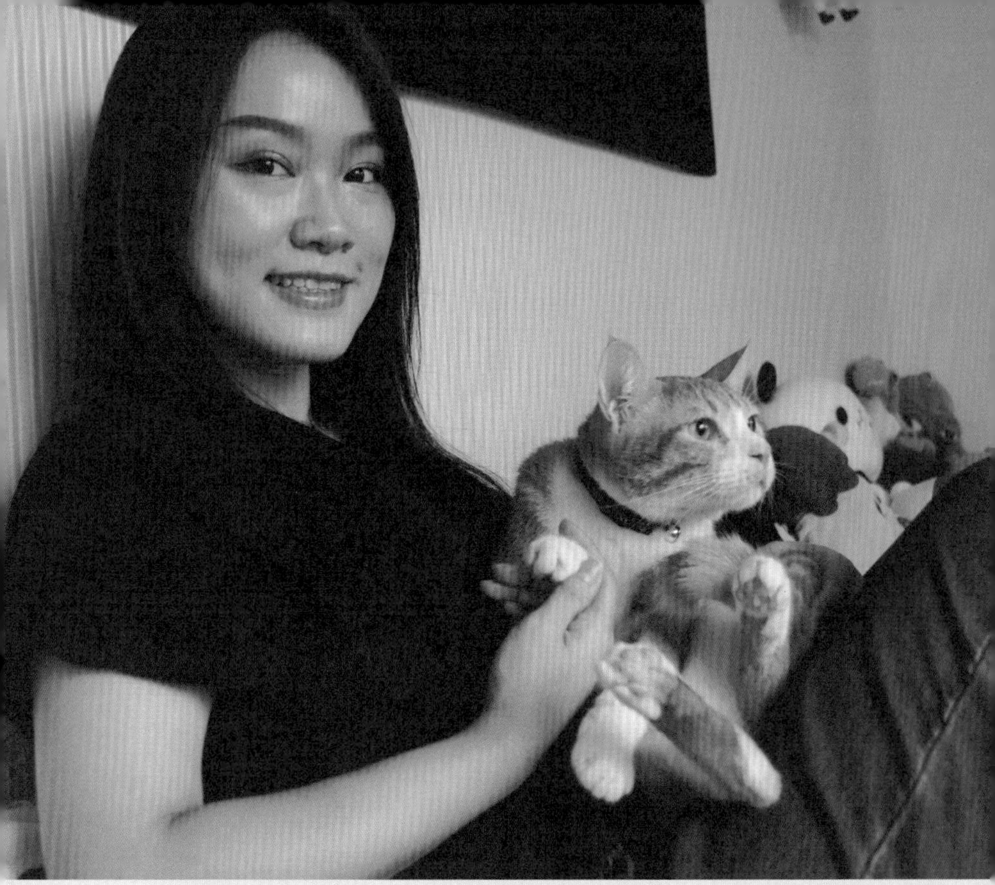

王潔

學歷：輔仁大學社會工作學系畢業

現職：勵馨基金會新北分事務所親密關係暴力組社工員

重要經歷：

- 婦女救援基金會婦幼部婚暴組社工員
- 兒童福利聯盟基金會台北親子維繫組社工員
- 賽珍珠基金會北區新移民社區關懷據點督導

你的孩子比你想像中更有力量

撰文　周憶如

素素陪伴了許多孩子，度過烏雲密布的成長階段。

王潔，就是前面故事中，媽媽最後結束長痛的生命，所留下姊弟檔的姊姊。

二〇一七年三月二十八日，王潔為目睹暴力兒童的募款活動挺身而出，在媒體和社會大眾面前訴說自已身為目睹家暴兒的成長過程，以及獲得社工的協助後，立志也要成為社工的心路歷程。

各大媒體版面刊登了王潔開朗漂亮的笑容照片，形容她是漂亮大方的女生。新聞上寫著：「看著這位開朗大方，臉上帶著甜美笑容的女孩，很難想像她其實從小學五、六年級開始，就因為父母間的家暴問題，成為婦援會輔導的目睹家暴兒個案。」

網路社群也大量轉傳了王潔的相關報導，很多人留言給這位勇敢的女孩，爲她打氣加油。

第一次，目睹家暴兒童長大後的樣子，大方的呈現在大衆面前。

當王潔遇見素素

長年從事目睹家暴兒童服務工作的婦援會，在這場記者會上再度提醒社會大衆：「台灣每七分鐘，就會多一個看到、聽到、察覺到父母之間嚴重家暴行爲的目睹家暴兒少，推估全台灣大約有七萬五千名目睹兒。根據多年來的服務經驗發現，只要提早給予輔導和協助，大多數的目睹兒都能從創傷中復原，脫離暴力的循環。」

王潔從國小起在婦援會接受團體輔導和心理諮商，在那裡，她遇見社工楊素雲。她說，「當第一次見到素素姐時，彷彿看到一道光，有希望的感覺。」

起先，王潔跟著大家在遊戲室裡玩沙箱、敲打樂器之類的團體遊戲，漸漸地，她開始對素素滔滔不絕的講學校的事情，偶而講一下媽媽。素素像個大姐姐一樣靜靜地聽，不太會給建議或太多的回應，這樣的陪伴成爲王潔心中一股安定的支持力量。

後來媽媽不在了，但素素還是一直在。有時約見面吃飯，也不時會電話聯繫。「她總是很溫暖的陪伴著我，帶給我正向的力量，讓我覺得很安定，我在高中時立定志向，將來也要和她一樣成爲一名社工，把這樣溫暖的感覺傳遞給需要幫助的人。」王潔說。

「我覺得社工這個行業非常的偉大，非常棒，加上素素姐講話都很溫和，很溫柔，聲音也很細、很輕，長得很漂亮，高高的，就像帶著仙氣的仙女，讓我覺得以後也要成爲這樣的人。她變成我人生的楷模。」

對小王潔跟弟弟來說，每天要面對很多的壓力跟變化：家裏的氣氛、學校課業的要求、同儕之間關係的維持，好多青春期要面對的事情，常壓得自已喘不過氣。

她認爲素素做的事情中，有件事是非常有幫助的，到現在都還覺得很感謝是：「幫我去關心弟弟」。

起先，王潔跟著大家在遊戲室裡玩沙箱、敲打樂器之類的團體遊戲，漸漸地，她開始對素素滔滔不絕的講學校的事情，偶而講一下媽媽。素素像個大姐姐一樣靜靜地聽，這樣的陪伴成爲王潔心中一股安定的支持力量。

當素素遇見王潔

說起關心弟弟，素素自認並沒有特別做什麼，她就是像姐姐一樣的關心她們姐弟倆。

「王潔進入青春期後就比較沒有來上團體課，但弟弟有繼續來。他們家的情況是有段時間是媽媽帶弟弟來，後來媽媽出現精神問題後，有陣子換成爸爸在帶，所以是爸爸帶來。再後來有段時間又是阿姨照顧，情況很混亂。」

而不管是誰帶來，素素發現他們常常沒有吃飯就來了，所以她在團體治療之前就會先準備食物給弟弟吃。對素素來說，她也是沒有想太多，順手準備吃的給弟弟，一方面也是爲了可以穩定孩子的狀況。

素素觀察到，媽媽因爲自已本身的混亂，常無法好好照顧孩子。爸爸自已也像個孩子，所以也照顧不來兩姊弟。反倒是阿姨比較穩定，素素後來就直接都聯繫阿姨，兩人也發展出不錯的關係。

「那段時間媽媽的處境比較穩定下來，所以她在婦援會這邊就暫時結案，由其

> 而不管是誰帶來，素素發現他們常常沒有吃飯就來了，所以她在團體治療之前就會先準備食物給弟弟吃，一方面也是爲了可以穩定孩子的狀況。

他機構的身心障礙社工接手。」但基於長期累積的信任，小阿姨還是常找素素，素素也以持續關懷的心情，繼續和她們互動。素素覺得，姐弟倆印象深刻的，大概是有一位在正式工作以外的姊姊一直在關心她們。

雖然無法經常碰面，姊弟倆都會期待素素的出現。對素素而言，「被期待的感覺是很令人愉快的心情，覺得至少還有一個人是在那邊，等著你下一次去找她，而且可以跟她說很想說的話，分享某種心情。」

王潔國中時，媽媽因某次服藥過量差點就失去性命，「當時只有弟弟在家，弟弟打電話給小阿姨說媽媽吃很多藥，小阿姨家離媽媽比較遠，就緊急打電話給我先過去家裡處理。」素素趕過去後立刻叫救護車，那時很擔心孩子嚇到，但回想起來，當時弟弟在客廳鎮靜地做自己的事，身心狀態相當抽離。

事實上，弟弟當時有其他機構的兒保社工在協助，但她們的處理比較採取觀察的態度，剛好那天主責社工也下班了，所以小阿姨不得不向素素緊急求救。過了一陣子，媽媽又再度自殺，過世時兩個孩子都在學校，並不在現場。小阿姨再度找素素到學校去找兩姐弟，告訴她們媽媽過世的消息。不久，兩姐弟又再回到婦援會，重新開案。

從目睹兒成爲婦援會的社工

婦援會對王潔來說，是人與人之間交流互動的記憶，溫暖、安心感覺一直在。因爲成長的經驗以及素素的影響，王潔考大學的目標就是念社工系。在輔仁大學念書時，對於家暴領域感興趣，後來也有機會到婦援會實習，畢業後第一個想要工作的單位，就是婦援會。

「我覺得我的生命中一直很重要的，就是素素姐跟這個單位。就算我脫離那些事情之後，還是可以好好的回來這裏。實習時督導帶著我做了一些修復，也有很多的自我察覺和反省。」

王潔拿到婦援會員工證的那一刻，心情好激動，覺得很不可思議。擔任社工以後，每次只要看到輔導的家庭有進步，那怕只有一點點，她都會覺得很有成就感。「選擇當社工，原本是想要有所回饋，後來發現在幫助他人的同時，自己也得到了療癒。」

在她決定來婦援會應徵時，就已經有心理準備，有一天會面對大眾，告訴大家自己曾經是目睹家暴兒童。「因爲我想要讓大家知道：不要看輕孩子的復原力和適應力，你的孩子遠比你想像中更有力量。」

決定出席記者會，讓自己再向前一點

爲什麼決定出席記者會呢？

王潔知道自己的故事是一個很好的題材，畢竟大學時就拍過紀錄片《愛的黑海》。她在心理上做過準備，再加上婦援會的環境讓她覺得很安心，也更有勇氣面對。對王潔來說，如果可以在大眾面前訴說目睹暴力經驗，代表自已又脫離了那些事情更遠了，開始有能力接納它，與它共存。

「大概是我太想要有所突破，就決定做了。」

當天記者會還在準備的現場，同仁們每次經過就跟王潔加油，每次一被講加油，她就很想哭。一直到完成了記者會，王潔卻覺得自已很感動，是一種很感謝自已的感覺：「我眞的做完了，而且眞的做到了。」

> 在她決定來婦援會應徵時，就已經有心理準備，有一天會面對大眾，告訴大家自己曾經是目睹暴力兒童。

王潔出席記者會這件事，引起了社工圈的討論，就是關於「社工專業與個案保密」的倫理界線。

「我能瞭解社工或者過去協助過我的人，對我做這樣自我揭露的擔心。但我現在完成了，並沒有覺得後悔。」王潔認爲，可能有些人對她的印象還停在小時候，一直急於去討好別人、求一些表現，或者比較不顧眞正的意願而配合演出。但是現在的她，其實選擇的是勇敢的面對過去，想要用這樣的方式，讓自己再往前一點。

「爲了能夠接受這個是我人生的一部分，與其躲躲藏藏，倒不如就攤在陽光面前。我希望我可以正視，也希望透過我的故事，能夠讓更多人知道，並不是所有的目睹兒，都會走向一般人既定的印象，成爲加害人或受暴者。孩子也是可以有希望，也能夠完成自己的夢想，達到理想的目標。」

註：

王潔從二〇一四年起在婦援會婚暴組工作五年半，後來輾轉到其他單位工作大約一年，現在又回到了家暴領域工作，勵馨基金會新北親密關係暴力組。

「我想要讓大家知道：不要看輕孩子的復原力和適應力，你的孩子遠比你想像中更有力量。」

王潔和素素。2020年底在王潔的家。

圖片來源 Shutterstock

一棒接一棒，接住目睹暴力的孩子

撰文 周憶如

林潔如的爸爸又開始了。

滿身酒氣的阿叔，從長長的走廊那頭搖搖晃晃走過來。廚房裡，我跟林潔如還有她妹妹正吃著潔如阿嬤做的仙草凍，我們遠遠的就聞到酒味，三個小孩子很有默契地放下湯匙，看著阿嬤。阿嬤若無其事的叫我們先從後門出去，才五年級的我們知道又將要展開大人的戰爭了。我看看潔如的媽媽，她正在切豬肉片，準備客人預訂中秋節烤肉的訂單。她沒有表情，繼續切著她的肉片，但隨著阿叔的腳步聲及幹譙聲越來越接近，我開始感到緊張跟害怕。

「明天妳還要再來喔」

高我一個頭的林潔如是我鄰居，她們家在菜市場賣豬肉，我家做傳統糖果新港飴，我們兩個從小就要幫忙家庭做生意。放學後如果我早一點把家裡的工作做完，常常會跑去她家找她玩，一起披著絲巾、戴著帽子，學歌仔戲的扮裝。阿嬤很喜歡歌仔戲，她總是跟著我們一起唱，也會準備點心給我們吃。只是，每次到日頭欲落山時，我心裡總是會莫名開始緊張，很怕林爸爸工作完回家，這時就得停止遊戲，阿嬤就會叫我趕快回去。

我再看一下林潔如，她跟我笑了一下。很勉強的，但也很有默契地，我們一起往後門走，夕陽黃橙橙的照進小小的鐵皮走廊，我們都不敢講話，深怕被阿叔發現，他會抓著我們亂罵一通。其實罵什麼含含糊糊地根本聽不太懂，但總之就是不堪入耳的幹譙就是了。從後門離開後，爭吵聲開始越來越大聲，我回頭往廚房看，林潔如的媽媽正被阿叔抓起頭髮一陣暴打，阿嬤邊喊「甭擱打啊啦」，「夭壽喔」……，林潔如的媽媽邊哭叫邊擋著，突然好大的一個巴掌正中阿嬤，阿嬤擋住了本來要打在林媽媽的巴掌，我驚嚇的尖叫了一聲，那一巴掌好像巴到我臉上一樣，火辣辣的熱。而林潔如呢？她抱著幼稚園的妹妹到二樓的陽台後面，看著我，跟我揮手說：「明天妳還要再來喔。」

我抬頭看著站在二樓的林潔如，不知道是夕陽的光線太強還是餘暉照映她臉的陰影，她其實是笑著掉眼淚在跟我說話。

說不出口的悲傷

六年級時，林潔如的媽媽離家了。

那一晚，又發酒瘋的阿叔，並不知道阿嬤帶著林潔如跟妹妹躲在我家，整條巷子的鄰居們聽著他的咆哮叫鬧，但完全沒有人出來制止。其實剛好那一天我爸媽出門找朋友不在家，不然我想，她們其實也不知道該躲到哪裡。

林潔如成績很好，原本可以繼續唸大學，但是她高中畢業就跟學長結婚了，她說她遇到這個對她好的男生，她要好好把握，然後離開那個家。不久後，阿嬤過世了，林潔如家的房子也賣掉全家搬走了。

在傳統「不要管別人家務事」的社會氛圍裏，像這樣天天面臨家庭暴力的婦女跟兒童，並不會引起注意跟關心，或者應該是說，大家不敢太去留意與關心。但是我們也這樣長大了，在害怕跟恐慌之中。

那是一九八六年的年代，台灣還沒有家暴法，更沒有目睹兒童這個名詞。

而嚴重的婚姻暴力問題持續發生著，多少婦女與兒童成日面對暴力的威脅與逼迫，終於，台灣在一九九八年通過家庭暴力防治法。說不出口的悲傷，是微妙的感覺。曾經歷過的孩子，也這樣長大了。

但是，也因爲是隱形的受害者，還有很多的孩子，還在經歷中。

目睹暴力兒童所目睹的

目睹暴力的孩子正在經歷什麼？

麥擱按奈打我媽媽　我說的話　你甘會聽
麥擱按奈打我媽媽　難道你手　不會痛嗎……

周杰倫這首描寫家暴的歌（註1），用孩子從小經歷目睹家庭暴力的視角所寫出的歌曲，在二〇〇一年推出時引起社會極大的關注，可是說七年級生耳熟能詳的歌，簡單但精準地說出了目睹暴力孩子的心聲，讓許多歌迷跳出來說：對，我也是這樣長大的！

這一唱，唱出了目睹暴力兒童受關注的廣度，八卦的消息滿天飛，媒體除了追著周杰倫的父親是否真有家暴新聞外，連帶著大家也開始問：什麼是「目睹暴力兒童」？

這一問，讓婦女團體倡議「台灣每年推估有七萬多個孩子暴露在家庭暴力之中」的宣導數字，透過直述憤慨的歌詞，立刻讓人明白目睹暴力兒童到底遇到了什麼事，讓受到暴力威脅的真實鮮活起來，也喚起許多人曾經親身經歷暴力的記憶。

就像歌詞描述的，現場親眼目擊的吵架、落如雨下的拳打腳踢、媽媽的眼淚傷痕、滿室支離破碎的物品，看在孩子的眼睛裡，不是只有當時年紀小的恐懼，還有伴隨一輩子的身心創傷。

政策的正視與婦援會大力投入

台灣在一九九〇年初，各婦女社福團體從原本從事的受暴婦女和兒童服務中，看到了長久處於暴力環境下的孩子們，心理所受的壓力及創傷的嚴重程度，並不亞於直接的暴力受害者。

家暴法尚未立法之前，保護系統主要著重於爲婚姻中遭受生理暴力的婦女，提供法律扶助、心理諮商及庇護的服務。一九九八年通過家庭暴力防治法後，跟著立法政策伴隨而來新資源，服務對象由受暴婦女擴大爲全體家庭成員，兒童保護、加害人處遇、制定民事保護令等等開始被納入系統。但是整體來說，「目睹暴力兒童」服務還是隱含在家庭暴力、兒童虐待的保護服務方案中，並未獨立出來。

一直到二〇〇三年，兒童少年福利法才將目睹家庭暴力之兒童及少年正式納入兒童保護範圍（第四十三條），同時也才將「目睹家暴兒少」（註2）定義了下來：

「在暴力家庭中，目睹家庭成員間的暴力傷害行爲之未成年子女，含單純目睹或是本身也有受虐的十八歲以下之兒童及少年。不論是現場目擊家人間的言語、肢體暴力及性侵害；或間接在緊鄰的房間或黑暗中聽到家人間的爭吵、打鬥的聲音；甚至是家暴事件觀察到某一方身上的傷痕、沮喪、傷心的表情及家中毀損的物品，皆可稱目睹家庭暴力。」

婦女救援基金會從一九九九年起，就開始進行對目睹暴力兒童的研討跟實務經驗的整理。當時邀請到美國紐約亞裔婦女中心的高小帆主任，提供美國的文獻以及服務經驗整理內容，由也曾在美國紐約亞裔婦女中心實習回國的婚暴組社工林嘉郁，帶著婦援會婚暴組跟企宣組同仁組成讀書會研讀相關資料。

數量不算多的原文資料，內容卻是十分新穎的議題，研讀起來頗令人費神。遇到英文不通的就一字字的啃，內容不懂一項項討論，在越洋電話及電子信件來回請教之下，將目睹暴力兒童的概念及身心創傷影響，慢慢地整合起來，為這個議題進行宣導倡議。二〇〇二年九月婦援會開始推動「目睹暴力兒童專業輔導人員訓練計劃」，首度為國內有系統地訓練目睹兒少專業輔導人才。

暴力關係中，沈默的代罪羔羊

從提供目睹兒童服務內容，到倡議、推動入法，婦援會一直扮演著積極推動的角色，並且與其他婦女團體合作聯盟。目睹暴力兒少保護因入法而獲得了資源，婦女、社福團體以及社政部門，更能積極的辦理各項研討、大型研究案以及發展新的服務模式。

婦援會用一則則目睹兒少的故事，搭配著孩子受到的創傷影響，提醒社會大眾關心這群代罪羔羊：

「小豪會有夢遊的現象，曾經夢遊時躲在廁所哭泣或是到窗台邊企圖跳樓；小豪也會玩動物的屍體，亂踢小動物，看在母親的眼裡非常心疼，但卻不知該如何幫忙小豪。」

「阿辰是個很難親近的孩子，因為他不太說話，也看不出喜怒哀樂，走到同學旁邊卻不知道他想幹嘛。阿辰也是個不寫作業、考試成績墊底的孩子，還是個為了玩手機玩到半夜、偷欺負妹妹然後把媽媽氣個半死的孩子，還曾經拿菜刀和棍子威嚇酒醉的爸爸呢！」

「我常常覺得大家都在背後說我壞話、同學一直向老師告我的狀，所以我對同學發脾氣，甚至希望同學都照我的想法做，要是同學沒有配合我，我就會發脾氣甚至罵對方，但其實我好討厭這樣的自己，我覺得自己好像爸爸喔！」

「小亞與小芙長期處於恐懼及不可控制的暴力的陰影下，出現了上課無法專心、經常肚子痛、咬指甲等狀況，也容易大哭難以平復。」

每一個孩子的狀況不同，但也因爲這些個案眞實內容，轉化成可以讓社會大衆瞭解的故事，讓婦女團體在宣導的時候，更容易表達目睹暴力兒少在累積沈重壓力後，所帶來的包括在生理、心理以及行爲上的深遠影響。

受傷的症狀

看不見的傷害，是目睹兒不容易被發現的最主要原因。說不出口的恐懼害怕，是目睹兒無法擺脫，永遠籠罩的創傷。

婦援會的網站列出了孩子的受傷症狀，讓社會大衆能夠瞭解目睹兒童所遭受的傷害：

生理影響：目睹兒常見反應在生理方面引發的健康問題會有疲倦想睡、抵抗力弱容易生病、注意力不易集中、頭痛、胃痛等。

情緒影響：在不同年齡階段會反應出不同心理狀況及情緒問題，普遍會經歷憂鬱、焦慮、害怕及罪惡感複雜交錯的情緒，孩子會認爲是自己做錯事而引起父母親之間發生暴力，不僅責怪自己引起暴力，更容易責備自己沒有能力去阻止暴力的發生，甚至孩子會感覺要爲家庭的破碎負責，這使得孩子充滿焦慮及罪惡感。

行為影響：也可能會出現尿床、吸手指、咬指甲等，是焦慮與不安反應，也因爲孩子可能在害怕衝突及希望受到別人的肯定下過度的討好、照顧別人及力求表現，或者孩子要發洩受傷害的情緒及需要強烈的保護自己下，出現攻擊破壞及逃學、逃家等行爲，出現兩極的行爲狀態。

目睹兒因爲持續、反覆的經驗暴力，常感到極端的恐懼、焦慮，多數會呈現出創傷後壓力症候群（**PTSD**）反應三大症狀：再經驗創傷事件、逃避、過度警覺。這些症狀往往在孩子日後的情緒、生活適應和人際關係上產生障礙。

而最令大人擔心的，依據勵馨基金會紀惠容執行長在〈誰能澆熄少年復仇之火〉一文所提到的警示，包括這項聽起來最嚴重的發現：「依據國外相關研究顯示，目睹家庭暴力兒童少年長大後成爲家庭暴力被害人或加害人的比例，約是一般人的五至十倍。」（註3）

對於目睹暴力兒少服務不斷努力

當社福系統、政府全體動起來大力推展目睹兒服務，倡議重視目睹暴力帶來的嚴重性，分析處遇模式、整合網絡之間的資源，顯然成爲兒童保護工作必要且迫切的希望工程。除了婦女救援基金會，善牧基金會、勵馨基金會等團體，也努力爲目睹兒童提供積極服務。

時任婦援會執行長的吳佩玲，對於目睹兒童的議題推動和專業服務著力很深。對外，她積極與各婦女團體合作倡議，推動家暴法修法，監督相關政策；與善牧基金會、台灣大學社工系一起辦理目睹兒童保護研討會。同時廣邀藝術、音樂、心理諮商等領域的專家，進行兒童團體諮商。對內，針對不同議題進行跨組訓練，外聘督導，成立讀書會、焦點團體，強化會內同仁的專業度。

二〇〇五年，內政部家庭暴力防治委員會委託婦援會研發有關目睹暴力兒童的教案，這教案打算推進校園，讓跟兒童最有關係的教師們提高對目睹兒童認知的敏感度。此時楊素雲（素素）所在的「目睹家暴兒少服務組」，從過去所累積的服務經驗，研發出「目睹家庭暴力兒童少年實驗性校園教師輔導教案計畫」教材。

在連續執行這套教材以及推動「目睹家暴兒少校園教師培力計畫」後，目睹兒少組再接再厲編寫了「扭轉生命旅程：24個協助目睹兒少的實驗性教案」，開啓社工與教育界合作關懷目睹暴力兒少的培訓工作。

二〇一一年起，婦援會接受台北市家庭暴力暨性侵害防治中心委託目睹家庭暴力兒童及少年服務方案，服務轄區爲士林、北投、大同、中正、萬華及松山各區。不但擴大目睹暴力兒童服務的深度和廣度，也達到了對於目睹暴力兒童議題的倡議目標。

二〇一四年起，也邀請相關專家共同研發一系列目睹兒專屬繪本：「天天的烏雲」、「我的遊戲書」，以及針對學齡前目睹兒童使用的桌遊「天天尋堡趣」，作爲輔導目睹兒童的教材及輔助工具。特別的是，婦援會也關懷童年有目睹家暴經驗的成年被害人，若有需要或是問題，可以聯絡進行諮詢。

二〇一五年一月立法院三讀通過「家庭暴力防治法部分條文」修正案，並於同年2月6日施行，修正重點特別將「目睹家暴兒少」納入核發保護令的對象；明定法院在核發暫定未成年子女監護權或會面交往之保護令時，應考量未成年子女最佳利益，必要時得徵詢未成年子女或社工人員之意見。針對經評估有需要的目睹暴力兒少，新增地方政府應提供或轉介其

佩玲說：「我們會內、會外都在接力賽，把經驗和熱情一棒一棒傳下去，希望台灣能夠好好接住這些受傷的孩子，給他們一個不一樣的未來！」

接受身心治療、諮商、社會與心理評估處置；並應加強推廣含目睹暴力在內的家暴防治教育、訓練及宣導。（註4）

二〇一七年，曾是婦援會協助的目睹暴力兒童、後來成為社工的王潔，出席記者會分享她的心路歷程，是台灣第一位現身見證的目睹兒，引起廣泛矚目和討論，再度帶動目睹暴力議題受到重視。

長年來，婦援會對於推動目睹暴力兒童議題不遺餘力，不斷地為目睹兒童拓展新的服務模式，打開不同的視野，讓社會看到這個議題的重要性。這番努力的動力，前執行長佩玲曾這樣說：「我們會內、會外都在接力賽，把經驗和熱情一棒一棒傳下去，希望台灣能夠好好接住這些受傷的孩子，給他們一個不一樣的未來！」

註1：〈爸我回來了〉收錄於周杰倫《范特西》專輯。
作詞：周杰倫 作曲：周杰倫

註2：依家庭暴力防治法第一章第二條第三項的定義，「目睹家庭暴力：指看見或直接聽聞家庭暴力。」目睹兒童指的是「目睹暴力兒童指的是目睹家庭暴力

的兒童，即於暴力家庭中，目睹家庭成員間的暴力傷害行為之未成年子女，含單純目睹，或是本身也有受虐的十八歲以下之兒童及少年。經常目睹雙親（現在或曾有婚姻關係）之一方對另一方施予暴力／虐待之兒童及少年，包括直接或間接目睹暴力／虐待行為。」

註3：紀惠容專欄：誰能幫少年澆熄復仇之火 蘋果日報 出版時間：2018/09/30 https://tw.appledaily.com/headline/daily/20180930/38139785/

註4：衛生福利部新聞（104/1/24）及兒童少年權益網（104/1/30）《家暴法》家庭暴力防治法修正通過。

沛英（李佩香）

來自柬埔寨

學歷：國立台北大學公共行政暨政策學系

現任：

- 社團法人南洋台灣姊妹會理事長
- 2030台灣無貧困推進協會理事
- 教育廣播電台錄製「幸福聯合國—幸福愛傳承」節目主持人
- 《燦爛時光：東南亞主題書店》柬埔寨語老師
- 柬語教學口譯及筆譯

重要經歷：

曾任文建會東南亞多元文化講師、十二年國民基本教育新住民語文課程綱要研修委員，曾參與新頭殼「當椰奶遇上珍奶」、客家廣播電台「柬埔寨風情話」、教育廣播電台「幸福聯合國－幸福啦啦隊」等節目之製作、主持，並於「五語+N學堂」、「燦爛時光：東南亞主題書店」、文化大學教育推廣部等擔任柬埔寨語講師及翻譯員。

從黑暗到天亮

撰文　周憶如

ជំរាបសួរប្រិយមិត្តអ្នកស្តាប់ជាទីមេត្រី ស្វាគមន៍ការស្តាប់កម្មវិធីសហប្រជាជាតិនៃសុភមង្គល
នាងខ្ញុំ ឈ្មោះ ពិសិដ្ឋ ……

廣播電台傳來柬埔寨語溫柔開朗的問候，來自柬埔寨的主持人李沛英先以流利的母語跟聽眾打招呼，接以中文再說一次：「親愛的聽眾好，歡迎收聽幸福聯合國節目，我是沛英……」

來台灣近二十年的沛英（李佩香），每週五晚上八點都會在國立教育廣播電台主持廣播節目「幸福聯合國」，同時也在東南亞主題書店「燦爛時光」教柬埔寨語，目前她最主要的工作，是南洋台灣姊妹會的理事長。

總是「被觀看」的新移民

「以前我最怕要介紹自己，講名字才講三個字，再來後面說的那些，聲音小得連蚊子都聽不到……啊哈哈哈哈……」沛英獨特爽朗的笑聲，總是會讓在場的氣氛隨著「啊哈哈哈」而歡樂起來。

「姊妹們在一開始，對於講自己來自哪一國，都會有點顯得害羞跟不自在。」光從自我介紹這一點，沛英就點出了做爲新移民，除了膚色長相可以一眼辨識外，另一個在面對社會大衆時逃不了避不掉的「被觀看」的尷尬：「因爲，我必須要先介紹我是來自柬埔寨的新移民，我來多久了，我小孩幾個，我先生是做什麼的，甚至還要講到我公公婆婆小叔小姑……我的家庭如何如何，這種很私人的事情。」

因爲沛英是南洋台灣姊妹會東南亞多元講師隊的講師，同時也是南洋台灣姊妹劇團團員，所以當要出去介紹東南亞多元文化或演出時，難免會提到這些相關的內容。

「台灣人會很好奇，也想知道外籍配偶都在做什麼？」好奇是因爲不瞭解，而瞭解之前，負面標籤伴隨著台灣人對外籍配偶的歧視與偏見相偕而至。沛英形容的「好奇」，聽來中性無傷，但是因偏見而累積的好奇，是會殺死一隻貓（新移民）的。

怎麼殺？常年累積的污名化便是。

跨國婚姻等於買賣婚姻？

在一九八〇年代最先被稱爲「進口新娘」的東南亞女性，藉由跨國婚姻遠洋嫁來台灣，爲農村注入新的勞動力，也肩負起傳宗接代的任務。但這群來自東南亞國家的女性，來台之後首先面臨最現實的處境，便是飽受「婚姻買賣」、「保證處女、跑掉再賠一個」、「假結婚、眞賣淫」……等等的污名化看待。甚至被視爲台灣社會問題的製造來源，比如「買賣婚姻容易導致家庭破碎」、「貪錢才嫁，唯利是圖」，以及「生下的孩子有發展遲緩的問題」。

「台灣大多數的丈夫跟丈夫的家人，都期待太太早日生子，在家裡照顧公婆或需要被照顧的家人，但是最好不要出去認識別人，以免學壞。」沛英舉例說，在南洋姊妹劇團以及東南亞文化講師隊的課程討論時，有時常會聽到姊妹抱怨在夫家的生活很不自由，沒有說話的權利，甚至有的家人會認爲「妳是我花錢買回來的新娘」。

「台灣對於婚姻移民有買賣關係的想法，其實是因爲仲介爲了賺錢，利用很多手段，把媒合婚姻變成了可以買賣的商品，讓社會大眾產生了東南亞跨國婚姻是買賣婚姻的刻版印象」。伴隨如此「金錢買賣的婚姻」的觀念，台灣社會大眾更快的連結「人口販子、職業新娘」的印象，污名化的墨黑漸漸渲染蔓延。

像這樣的現象，最早在一九八七年的《人間》雜誌三月號，就經由現任新故鄉文教基金會董事長廖嘉展，時任雜誌記者深入觀察所報導的專題〈從亞洲進口的媳婦們〉，具體記錄當時的台灣農村青年爭相娶進口新娘的現象。當時廖嘉展揹起相機，踏遍故鄉雲林崙背鄉及附近農村，採訪他所認識的農村男人，東南亞籍新娘以及農村村民，甚至還有區域醫院的醫師。當時社會所看待的東南亞籍新娘，與沛英提到的對外籍配偶的刻板歧視印象如出一轍。

爲什麼千里迢迢要移民？

一九九〇年代，透過婚姻移民到台灣的東南亞和中國大陸女性人數逐年增加，「外籍新娘」取代了「進口新娘」的稱號，媒體開始高度關注「外籍新娘」現象。但事實上，這並不是台灣才特有的社會現象，而是全球化跨國遷移的一部分。以亞

最早在一九八七年的《人間》雜誌三月號，時任雜誌記者的廖嘉展深入觀察所報導的專題〈從亞洲進口的媳婦們〉，具體記錄當時的台灣農村青年爭相娶進口新娘的現象。

洲來說，鄰近台灣的韓國、日本、香港、馬來西亞、新加坡等國家，同樣也透過婚姻移民藉以增加家庭和勞動人力。

「在這世界上會有那麼多人想要移民，有的是因爲貧困，有的是國家的制度，有的是因爲天然或人爲的災害等等原因，大致上來說，就是爲了生存而被迫遷移。」沛英說了跨國移動者不得不這樣做的原因。

台灣大學社會科學院亞洲社會比較研究中心主任藍佩嘉教授對這股擋不住的遷徙浪潮，就曾在〈遷徙的女性化：再生產危機與交織的壓迫〉文章中提出：「根據聯合國在二〇〇五年的估計，全世界目前有一億七千五百萬人居住在非出生地的國家，包括入籍或長期居留的移民、因工作或教育的短期遷移、循非法管道的遷移與人口販運、受庇護的難民等。其中，有將近一半爲女性，這樣遷移的女性化（feminization of migration）的當代趨勢，與早期以男性爲主要遷徙者的現象大不相同」。

在藍佩嘉的文章中，也提到同樣差不多是這時期開始，勞委會第一批外勞正式引起台灣，而後依配額管制、特定國家、特定行業職種等原則逐步開放，特別是一九九二年後開放外籍家庭幫傭和監護工的申請。

「遷移的管道有很多種，有經濟能力的人選擇比較多，但如果是沒有經濟能力的人，就只能透過婚姻、移工身份遷移，甚至成爲難民或非法的移工」。沛英對於跨國人口移動的描述，正點出了台灣眞實的現象：無論是婚姻移民，又或是因應國內勞動人力需求開始引進的外籍勞工，我們可以看到，更多的東南亞女性透過政府引進台灣，成爲重要的家庭人力或勞動人力。

來自柬埔寨的女孩

沛英讀高中的最後一年，很疼愛她的哥哥忽然去世，她悲傷極了，加上長期以來跟繼母關係緊繃，於是第一次離家，從家鄉柬埔寨磅湛省（Kampong Cham）來到八十公里外的金邊，在服裝工廠當女工。

在震耳欲聾的工廠待了約十天，父親突然打電話來了。他說，村子裡誰的女兒嫁到台灣很不錯，大家都說台灣是一個生活很幸福的地方，四季如春，不會像家鄉這樣只有酷暑和雨季。他也希望女兒可以嫁到一個風和日麗的地方，有家人跟丈夫

遷移的管道有很多種，有經濟能力的人選擇比較多，但如果是沒有經濟能力的人，就只能透過婚姻、移工身份遷移，甚至成爲難民或非法的移工。

可以疼，繼續完成學業，獲得幸福。

離開家到金邊時，沛英以爲那會是她離家最遠的地方了。沒想到，就因爲父親的電話，不到一個月後，她來到了更遙遠的台灣，嫁給大自己十三歲的男人，住在永和的一個大家庭。那是二〇〇二年。

「那時柬埔寨很流行和台灣人相親結婚，許多家庭都鼓勵女兒結婚移民到台灣，希望嫁過來後能過好日子，有個幸福的家庭生活。」沛英回想當時父親鼓勵她遠嫁台灣的動機，其實是疼愛女兒的心。

跟多數婚姻移民一樣，剛來台灣的沛英，一句中文都不會說，當然也不識字。但是，她喜歡學習，知道自己要趕快學會中文，要會說。二〇〇三年，沛英在先生的支持下，報名了南洋台灣姊妹會（註1）在新北市永和社區大學開設的識字課程，每次上課先生都會開車接送。懷了兒子立勳後，大肚便便行動不方便，先生又幫忙找了離家裡較近的夜間部，就這樣她從小學一路慢慢唸，完成了國中學業。

生下了兒子立勳，全家都很高興。才二十出頭的少女沛英其實還是個大女孩，也想好好探索青春年華，父親口中這台灣的美好。先生放假時，會帶著沛英一起參加創世基金會的活動當志工，或者到醫院照顧身心障礙者，有園遊會的活動就幫忙義賣，或者幫忙蒐集商店募到的發票等等。夫妻的感情很不錯。

沛英透過各種活動，也認識了一些南洋姊妹。有些姊妹分享說，嫁過來台灣後，才發現先生是個在整個家庭、甚至家族是被受唾棄的魯蛇，雖然生了小孩，可是先生並沒有因此而受到比較好的看待，連帶老婆孩子也一同被瞧不起。也有姊妹在相親時看老公其貌不揚，當下想沒有關係，人老實就好，結果嫁來才知道，原來先生另有隱疾。有的先生則是很內向，默默的不太說話，娶了太太後卻開始對太太咄咄相逼，因爲那是他唯一可以控制的人，於是日子久了，對於「接送」的感覺，在姊妹或其他人眼中看起來，某部份意義上便成了「監視」。

沛英的先生看起來就是一般人會這樣看待的男人。但沛英卻不這樣想。「我覺得我出來是他支持的，第一次去報名姐妹會課程是他幫我去報名的，因爲他知道我是想要繼續唸書的，所以他支持我去上課。」

對沛英來說，先生並不是在控制或懸空她，而是用他自已的方法在陪伴。「他眞的是很支持我，他不是因爲我要參加活動或跟人見面，才載我們或跟我去。」

不要叫我外籍新娘

立勳出生後，沛英帶著孩子沒辦法到處走，就天天到南洋姊妹會的辦公室幫忙，一方面充實自己，也想要認識更多同樣嫁來台灣的南洋姊妹。離鄉嫁來台灣的姊妹們，常聚在一起彼此分享生活上的酸甜苦辣。

「常聽到最困擾的就是語言上的誤會，還有沒有個人的隱私空間，最在意的就是孩子的教育問題，因爲有的教育觀念，不同國家眞的是都不相同。」沛英說的不同國家，指的是母國與台灣的某些觀念不同。「像我們柬埔寨的孩子從小都很獨立，但是台灣阿公阿嬤對孫子都很疼愛，什麼東西都弄得好好的，還放到你面前。比如吃飯好了，可以自已吃，還要一口口餵。」

持續陪伴新移民姊妹三十年的夏曉鵑教授，在一九九五年創立外籍配偶識字班，二〇〇三年成立台灣南洋姊妹會，深受敬愛。

持續陪伴新移民姊妹三十年的夏曉鵑教授（她在一九九五年創立外籍配偶識字班，二〇〇三年成立台灣南洋姊妹會），在《不要叫我外籍新娘》一書中，提及婚姻移民在台灣的處境，特別指出：受綑綁的家庭與社會生活，讓新移民有苦說不出。新移民隻身來台，她們的婚姻與本國婚姻最大的不同，在於婚後無法有社會關係構成的支持系統。

社會關係的缺乏，使得新移民女性的生活更加侷限在家庭中，生活習慣的差異往往造成誤會，而語言溝通的困難更使誤會造成心結。從柬埔寨嫁來台灣當美濃媳婦的娟舒結，說出了新移民的心聲和語言笑話——

「以前還沒有嫁來時，常有聽說到台灣人會把外籍配偶帶去賣掉。」

「剛嫁來台灣、人生地不熟、語言不同、中文不熟，造成溝通不良，覺得很辛苦。」

「台灣人怕我們外籍的跑掉，我們也很怕嫁來台灣被賣掉好嗎？」

「我叫婆婆『吃水餃』，她生氣的大罵我夭壽查某，我那時聽不懂，比手劃腳半天，才知道她誤會我了，她以為我叫她『去死掉』⋯⋯」

新移民隻身來台，她們的婚姻與本國婚姻最大的不同，在於婚後無法有社會關係構成的支持系統。

新移民女性在婚姻關係中比台灣婦女更被期待「嫁雞隨雞、嫁狗隨狗」，她們辛勤操勞家務，扮演順從聽話的好老婆、服侍公婆的好媳婦，生養子女之後是個善於管教、不會養育出「遲緩兒」的好母親。總之，她們被期待是老婆、是媳婦、是母親，但是不會是自己。

對台灣人而言，女兒嫁出去像是潑出去的水，但是在東南亞國家並不是這樣的想法。無論是越南、泰國或柬埔寨，女兒就算嫁出去仍然會照顧原生家庭。沛英說：「文化差異最大的就是結婚了。在柬埔寨，照顧原來的家庭也是會互相討論，像是結婚後要住在哪裡，長輩會給建議，但是決定權在夫妻兩人。」

但台灣夫家就無法理解移民姊妹為什麼結婚了，還想要繼續照顧娘家？漸漸變成「都把錢拿回去」的誤會，形成刻板印象，進而衍生出一連串問題。此外，一直被媒體、社會大眾稱為「外籍新娘」、「大陸新娘」的婚姻移民，也讓姊妹們有受質疑、歧視之感。

「我都老娘了，還在叫我新娘」，住在高雄美濃的科雅也來自柬埔寨，有如沛英的姐姐。每次辦活動南北姐妹相聚時，沛英很喜歡聽姐姐們講天講地，生活中遇

對台灣人而言，女兒嫁出去像是潑出去的水，但是在東南亞國家，無論是越南、泰國或柬埔寨，女兒就算嫁出去仍然會照顧原生家庭。

到的困難、受到的歧視，在已經「老娘」的姐姐們口中，都能夠用詼諧的笑話說出心裡的酸苦。

請叫我新移民女性

爲了尊重新移民的感受，夏曉鵑教授促成婦女新知基金會主辦「『請叫我——』徵文活動」，讓來自東南亞及中國大陸的配偶以母語或中文表達她們被稱爲「外籍新娘」及「大陸新娘」的心情，以及希望如何被稱呼。徵文活動結束後，婦女新知基金會又舉辦正名活動，由來自東南亞的外籍配偶及中國大陸配偶選出最喜愛的名稱，「新移民女性」獲得最高票。受到輿論的影響，二〇〇三年八月內政部行文要求各政府機關改稱爲「外籍配偶」和「大陸配偶」，此後官方文件不再使用「外籍新娘」名稱。

改變稱呼的不只是文字，更是文化意識上的一大進步。過往媒體和官方強勢視新移民爲「社會問題」，外籍新娘正是「她們」而不是「我們」的意識形態稱謂，這個正名運動成爲扭轉「新移民等於無能、無知」意象的轉捩點，爲後來的新移民

改變稱呼的不只是文字，更是文化意識上的一大進步。

自主發聲開啓了移民人權的新電源。

沛英也受到這波正名運動的衝擊，她充滿感動，明白了「自主發聲」的重要性。她更積極參加姊妹會辦的培力課程，成爲多元文化講師隊的講師，時常出去演講，手上忙著多元文化教案、討論、寫文章，跟著姊妹們一起準備資料，帶著立動參加親子活動，一起去抗議遊行。

「以前我也是很不敢講話，覺得自己做得不夠好，可是我覺得我可以學，不會我就問，剛開始會怕被人家說什麼都不會，可是我就是想說，我要好好學習，讓自己有能力。」在南洋姊妹會學習的頭幾年，沛英常顧及資深姊妹的情誼，而會有所退縮不敢提問，也不敢表達心裡眞正的想去，花了很長的時間終於突破障礙：「在姊妹會，學的就是要自己把自己的想法說出來，要會針對現在發生什麼問題了去想、去分析，然後思考一下，怎麼樣把話說出來，爭取權利。所以我慢慢的，開始敢講出自己的想法了，也會直接說出來，爲什麼我覺得會是這樣或那樣。」

沛英知道，學得知識會讓人有力量。

太悲傷了反而不知道怎麼哭

然而，人生的轉變總是來得令人措手不及。

沛英的公公在出門運動時被青少年騎車撞倒而過世，接著因爲財產跟房子過戶的事情，家族內吵到不可開交，先生的情緒也開始變得不穩定。沛英回想那段時間先生的轉變，現在看來，應該就是長期被家族壓抑、不公平對待的創傷結果吧。「從他爸過世之後，他媽一直在盧他，所以他遺書裡面也有寫說，他就是不知道爲什麼爸爸過世後，媽媽一直責怪他。」

先生的不穩情緒持續很久，長期忍耐著的沛英終於疲倦了。一天，她提著鞋子、拖著孩子走出家門，去找南洋姊妹會的朋友求救。

她先找社工鄭詩穎。而我當時除了正職工作外，也在姊妹會擔任志工多年，因此與沛英結識，常常一起參與活動。社工詩穎拜託朋友飛車先將沛英帶到我家。

一開門，看到詩穎跟沛英，我沒多問什麼，心裡大概有個底。連忙整理了一間客房出來，請沛英就暫且住下來。

立勳跟我兒子威威相差一歲，從小玩到大，是好兄弟。那天雖然已經很晚，可是兩兄弟又見面很開心，打打鬧鬧了一陣，才肯去睡覺。

在這段時間，稀哩呼嚕忙了好大一陣，但我發現沛英從一進門就一直笑嘻嘻的。「你還好嗎？幹嘛一直在笑？」我假裝輕鬆地問。

「因為我不知道要怎麼哭……」沛英笑著說。

那一夜，我原本以為沛英會抱著我大哭，或者泣不成眠。可是，沛英卻只是跟我擁抱一下後，掉幾滴淚，就拍拍我的肩微笑說：「謝謝你，麻煩妳了，太晚了，你趕快休息，明天還要上班呢。」

無法立刻獲得庇護的理由

隔日，詩穎帶著沛英跟孩子通報家暴系統，希望可以獲得協助。沒有想到，沛英沒有辦法立刻住進庇護中心。姊妹會與新北市家暴中心協調，家暴中心的社工回覆表示，是不是可以這一、二天先住在外面，然後中心這邊也再看是否有空床可以提供。

「我也不知道爲什麼，對方說我必須睡在路上一、兩天才能申請……」沛英回想當時，到現在還是一頭霧水。

新北市社會局的意思是，因爲沛英有南洋台灣姊妹會幫助，所以她們覺得沒有這麼急。如果過兩三天後，姊妹會還是沒有辦法提供協助，那麼再來申請進入緊急庇護中心。也就是說，在公部門庇護資源條件評估下，她是有協助資源的個案，因此被評估爲並不會立刻面臨高危機風險的處境，於是由原協助機構先行處理，再做打算。

這對南洋台灣姊妹會與沛英而言，著實太諷刺。詩穎說：「那早知道，就讓沛英直接去報案，然後打113，讓她立刻進入救助系統就好了，姊妹會的陪伴，怎麼反而成了阻礙？」

像這樣聽起來有回應，但實際上完全是在打太極的說法，姊妹會在協助許多受到暴力相向的姊妹過程中，聽得夠多了。這樣的回應與處理，徹底反映了當時庇護資源不足，以及家暴法對於外籍配偶的權利跟保護服務網絡的建立尚未健全。當時姊妹會的幾位協助的理事、志工以及社工等夥伴，包括沛英，決定要好好的跑完整個流程，好好地記錄下來，做爲未來促進改善的具體資料。

剛上路的政策，來不及保護的婦女

內政部（當時的主管機關）在二〇〇三年才成立「外籍配偶保護諮詢專線」，對於外籍配偶的受暴問題起步相當晚。雖說以英、越、印、泰、柬等五國語言提供家暴、性侵及兒少保護相關資訊，但是大多還是停在被動以及宣導的階段。面對新移民家暴問題，除了先套用「家庭暴力防治法」中可運用的適合法規外，也常引用「特殊境遇婦女保護條例」來做處理。但是在當時，社工對於外籍配偶遇到家暴問題的困境仍然認知不足，相關網絡如警政、法政系統，也大多停在歧視及污名化的刻板印象，比如「假受暴、眞離婚」等等。

當時政府政策對於外籍配偶還停留在「給予施捨」的觀念，自二〇〇五年「外籍配偶輔導照顧基金」成立之後，以「照顧輔導外籍配偶」和「推廣多元文化」的各項計劃、活動、補助，舖天蓋地地展開，但是對於外籍配偶的相關法令政策，像是家暴法、國籍法……等等，仍然有諸多綑綁。

在移民團體不停的倡議、抗議、遊說、督促立法之中，新移民在家庭暴力防治保護這個部份，仍然載浮載沈。一直到二〇〇八年內政部出版了外籍與大陸配偶家庭暴力防治工作人員服務手冊後，公部門對於外籍配偶受暴服務才開始有了具體因應的做法跟措施，但是仍然需要投入很大的人力跟時間做教育和宣導。

要說是看運氣嗎？沛英需要協助的時間是二〇〇九年五月，但政府還沒有準備好，國家級的防治手冊二〇〇八年十一月才印製完成。而在這之前，更多受到暴力困境的新移民婦女，早已經忍耐太久，有人被迫離開台灣、有人成為無國籍人球，甚至有人已經失去生命了。

「我是可以的！」

新北市社會局既然打了個太極，沛英在幾天思考後，決定要靠自己的力量走下去。她考量到立勳還要上學，如果住在板橋我家，離立勳的學校實在太遠，就挽拒了我的邀約，找到了姊妹會的理事張明慧，在她預計出售的空屋裡，沒有瓦斯、沒有任何家具的情況之下住了一個禮拜。

更多受到暴力困境的新移民婦女，早已經忍耐太久，有人被迫離開台灣、有人成為無國籍人球，甚至有人已經失去生命了。

「明慧老師有先跟我說那房子因爲很久沒有人住了，什麼都沒有，委屈一下。」沛英還是很感慨地回憶：「當時我是想說盡量不要麻煩大家，可是我沒有想到後來新北市家暴中心眞的就沒有協助我，我跟立勳剛開始很害怕，可是大家都很幫忙我們，我就想說，那不行，我一定要趕快振作，不能讓立勳跟我這樣過。」

她和孩子再到另一個泰國姊妹家住了一小段時間，接著很快的在立勳學校附近找到了一間小雅房租了下來。

除了力量，當時沛英不知道的是，她還需要減壓，還有能量。

「我不是硬撐喔，我那時只是覺得好，我就是先好好工作，先讓日子穩定下來。」沛英帶著立勳，幾次到花蓮找正在籌備馬場做爲馬術情緒治療的張明慧。「那時的立勳情緒已經很不穩定了，我不知道該怎麼做才好，所以就帶他去找明慧老師，讓她好好的集訓一下立勳。」

對沛英來說，明慧老師是很厲害的諮商師。長期運用遊戲諮商的明慧並沒有將立勳或沛英當做弱勢個案看待，就跟平時相處一樣，唯一的不同的是讓立勳自已完成應該完成的事。老師的方法讓沛英感覺到很自在，她並沒有被可憐跟被同情。

因著過去參與南洋台灣姊妹會的各種活動，像是文化講師隊、南洋姊妹劇團，以及平時的培力團體課程，沛英在潛移默化中，默默培力了自已評估、分析事情的能力，這股累積在身上的能量，就在這一件生死悠關的離家事件中，併發出力量來。重要的是，「不卑不亢」的態度也一併伸展開來。

「我是可以的！」沛英用力握緊雙拳爲自已打氣。

掀開心裡的悶鍋，刷一刷，曬太陽

經過一年多的溝通，二〇〇八年，沛英和先生辦好離婚。

「其實我到現在都還是覺得他是個好人。」沛英相信他是個好人，覺得他是沒有遇到好的朋友，像她自已一樣有一群好姊妹、好朋友，可以互相鼓勵、打氣、分享，而長期被壓抑，甚至在家庭裡長久以來受到家人的壓迫。沛英很能夠理解那種孤單跟寂寞。

那一年，她二十四歲，爲了不讓生命像落葉般飄零，她帶著孩子回去柬埔寨，回去看看那一小片一小片串成一大片的田，感受故鄉酷暑及大雨的土地與空氣。回台後每天忙於工作、上課、接孩子，陀螺般團團轉，讓每一天都充滿希望的過下去，要求自己看見人就笑，不想要讓人家擔心。每一天都非常用力的過著分分秒秒。但身邊的朋友都看得出來，她在硬撐！

「我介紹你認識一個朋友，你只要跟他聊天，心裡就會好很多喔。」看著快崩潰的沛英，我只能出這種唬弄的爛招，把她介紹到台北市的大安婦女中心去見佩玲。我曾在婦女救援基金會工作近七年，時任大安婦女中心主任的吳佩玲，正是我在婦援會時期的執行長。（大安婦女中心原是為單親婦女服務的中心，由婦女救援基金會承辦。佩玲卸下執行長職務後，想回到第一線做服務，於是跟幾位社工同事就開始在大安婦女服務中心進行一些在當時相當創新、實驗性的服務。）

佩玲帶著她去廚房看電鍋，打開一個電鍋告訴她：「這個鍋子裡面的食物就放在這裡，如果這個食物一直這樣放下去，經過很多年了，它就會發霉。」

此時佩玲停了下來，沒有講話。沛英看著鍋裡的食物。過了好長一會兒，佩玲才再開口說：「就算你看見了，冰在冰箱，慢慢放著。但是食物放壞掉本來就會臭。就算不臭了，你放著不理它，鍋子裡面的東西也已經變成很黏的壞東西了。」

佩玲帶著她去廚房看電鍋，打開一個電鍋告訴她：「這個鍋子裡面的食物就放在這裡，如果這個食物一直這樣放下去，經過很多年了，它就會發霉。」

沛英那時看懂了，佩玲用這樣的解釋，是要跟她說：心裡有一個東西，放久了就會壞掉，壞掉後如果沒有好好的打開這個鍋子刷一刷，刷乾淨，繼續悶在那裏就是不好的。「我記得很深刻，那時起我才覺得說：一個人心裡沒有負擔是非常重要的。」沛英說。

從此，她學會常常把心裡的悶鍋打開，刷一刷，再曬太陽，吹吹風。

很久很久以後，沛英才知道，當時她跟立勳所有的諮商及相關費用，都不是新北市或台北市政府家暴中心付費的，而是佩玲主任跟大安的社工、諮商師的愛心服務。

手牽手，姊妹不要怕，我陪你，慢慢走

經過工作上的培力與心理上的學習抒壓之後，沛英像是原本被污水放滿的浴缸，被拔了塞栓的塞子放掉污水，再重新慢慢注入新的活水，以嶄新的狀態返回南洋姊妹會。她跟著夥伴詩穎，開始陪伴同樣遭受困境的姊妹，將過去的經驗化爲能量，一起走過移民政策問題的坑洞。

沛英協助的第一個個案是來自越南的小青。小青二〇〇四年結婚來台，與先生育有兩個女兒，某天大女兒生病需要看醫生，她向先生開口要醫藥費，卻引發先生抱怨，進而拳打腳踢。往後，先生經常以各種藉口毆打、辱罵小青，兩個稚齡的女兒經常看到爸爸毆打媽媽，雖然懵懂，也學會大人罵三字經。

小青一直希望可以外出工作改善家中經濟，但是，先生擔心小青出去認識其他男人，不僅拒絕她外出工作，甚至限制她打電話、使用手機。雖然遭到先生各種形式的家暴，小青仍然選擇忍耐，不願意離婚，害怕離婚之後就再也見不到小孩。多年生活在恐懼與壓力之下，小青希望可以辦理身份證，以保障自己在台灣的權利，也比較不用擔心看不到孩子，但是先生總是藉口說家裡沒錢，不能辦身份證。

長期受到先生言語和肢體暴力，小青覺得活得很沒有價值，幾度想要自殺。二〇〇九年間先生再次動手，小青終於受不了，主動到警察局報案並去醫院驗傷，認眞考慮離開這個婚姻。「像這個姊妹需要法律資源，我們要找義務律師幫忙，在這之前就要先約法律諮詢時間，你就要解釋給她聽。」沛英說。而且通常不會是一次二次就能夠把法律問題都了解的，也要讓姊妹知道，不會有錯誤期待，以爲看見了律師就有希望。這一切都需要反覆的語言溝通。

「還有小孩子也是問題，姊妹通常很在意監護權跟探視孩子的部分，但這卻又是身爲移民身份最弱的地方。」沛英自已經歷過各種申請程序，所以無論是要去鄉公所，要去學校找資源，看孩子等等這些問題，她用過去走過坎坷路的鞋，帶著姊妹一起將路上的石頭一一踢開。

新移民離婚面臨的困境

新移民能夠在台灣居住，最基本的條件就是婚姻關係的存在。所以新移民離婚面臨的困難，比起台灣女性離婚要面對的問題更多更複雜。

像如果是因爲受到家庭暴力而想要離婚的新移民，首先遇到的問題就是要不要去報案。但是，一方面是平時並沒有什麼資訊讓她了解如何報案，另一方面是如果在鄉下地方，那她報案能不被找回去嗎？如果因遭到家暴離家了，可能會被夫家通報「行方不明」而變成「逃跑外籍配偶」，因此影響了居留權益。「社會支持系統薄弱，沒有娘家做支持後盾，也沒有社會關係的陪伴，對移民姊妹來說，在法律上

曾任南洋姊妹會北部辦公室謝世軒主任強調，「通譯不足」是一定要不斷被提醒重視的大問題：「很多弱勢的外國人因爲法律資源和語言不足，打官司時會遇到很大的困難。我們覺得政府應該設立完善的司法通譯制度，主動協助外國人，保障移民的基本人權。」

和感情上，都是很大的考驗。」沛英嘆口氣說。

眞實婚姻的存在，是跨國婚姻當中外國籍配偶得以居留在台的基本理由，無論新移民在台灣居留多久，一旦失去婚姻關係，無論是喪偶或離婚，就失去依親繼續居留的事由。新移民如果因爲喪偶、遭受家暴而離婚，必須離婚後取得子女監護權、或離境後可能對子女造成重大傷害者，才有可能獲准繼續居留。

時任南洋姊妹會北部辦公室謝世軒主任說：「依《入出國及移民法》第31條（註2）的規定，如果姊妹要離婚，就是必須要有小孩的監護權，才可以繼續留在台灣。如果在離婚訴訟判決中，被判沒有孩子的監護權，就會被迫和自己的小孩分開，而且必須回去母國，很難再跟孩子見面。」

關鍵是，就算法院判決有拿到小孩的監護權，但是如果自己沒有拿到身分證，等到小孩滿二十歲的時候，新移民一樣不能留在台灣。

有些因離婚而離開台灣的新移民，即使爭取到小孩的監護權，也會因爲無法符合《入出國及移民法》第23條第二項的規定：「未滿二十歲之外國人，其直系尊親屬爲現在在臺灣地區設有戶籍或獲准居留之我國國民，或經核准居留或永久居留之外國人。其親屬關係因收養而發生者，被收養者應與收養者在臺灣地區共同居住」，而無法取得居留證。她們只能短暫來台探望小孩。

世軒說：「這是在逼人把小孩帶回母國，或是讓他們沒辦法一起生活。外交部在核發簽證時，有在簽證上註記『停留不得轉居留』的權力，也讓很多新移民沒辦法和台灣家人一起生活。」

此外，世軒強調，「通譯不足」是一定要不斷被提醒重視的大問題：「很多弱勢的外國人因為法律資源和語言不足，打官司時會遇到很大的困難，加上法院並不了解他們的困難在哪裡，不會主動找懂得法律的翻譯來協助。這樣很容易在打官司的過程裡被不公平的對待，所以我們覺得政府應該設立完善的司法通譯制度，主動協助外國人，保障移民的基本人權。」

豪銀，最心疼的姊妹

豪銀是沛英協助過，印象最深刻的姊妹。前面所說的困難，豪銀全都遇上了，而且還成為無國籍人球好幾年。無國籍人球，簡單說就是黑戶。

我跟沛英一起去探訪豪銀，那是一棟社區舊公寓，豪銀帶著兩個兒子在大門口等著我們，一看到沛英馬上向前來個大擁抱，笑聲爽朗的豪銀跟咯咯笑的佩香，二人開始用柬埔寨母語熱切的聊起天來。我也跟著笑，雖然聽不懂，但也一起感染了那他鄉遇故人的興奮。

「啊，老公在睡覺，他昨天夜班，等等又要去上班了」豪銀說。先生才剛上十二小時的夜班，等等又要起床再去開貨車了。我們怕打擾他休息，但豪銀說沒有關係，他知道沛英要來很高興，也想看看她。沒多久，豪銀的先生就起床，沒三、四步就跨到客廳來，先跟我們聊了一陣後，抱歉的說要去上班了，請我們不要客氣。他是緬甸華僑，但是在台灣住很久了，中文非常流利。

一覺醒來，老公不見了

豪銀在二〇〇四年透過朋友介紹認識了前夫，經過境外面談的程序，過了一段時間來到台灣，跟前夫住在新竹市一個小套房。前夫平時開計程車，但人不常在家，也沒有見過他的家人。她一個人倒也習慣了，雖然不太會講中文，也不識中文

豪銀(左)是沛英(右)協助過，印象最深刻的姊妹。新移民面臨的各種困難，豪銀全都遇上了，而且還成爲無國籍人球好幾年。

字，但是前夫如果回家，總是還有個人可以講講話。一年後的某一天早上醒來，豪銀發現：老公不見了！

豪銀很慌，跑到唯一會講柬埔寨話的菜市場攤位老板娘，問她有沒有看到人？老板娘跟豪銀說，應該很快就回來了。但是這一等，並沒有等到人回來。豪銀慌了，就再跑去找那位同鄉的老板娘，問她有沒有可能幫忙找工作，因為她沒有錢付房租了。

「我跟那位柬埔寨姐姐說，可不可以找一個地方給我住？還是找工作給我做？」豪銀就這樣做著一個個短暫的工作，幫人家洗衣服、打掃，過了一、兩年。她完全不知道前夫在哪裏，等到豪銀發現居留證過期，想去補辦，移民署跟她說：要老公來一起辦。（當時的移民法第25條規定，外籍配偶在台灣合法連續居留二年，每年居住超過一八三天，才得以辦理合法居留。但移民署只給豪銀一年的居留期限，所以豪銀每年就要由老公帶著去移民署辦理延期居留證，才能繼續合法留在台灣。）

「怎麼辦？可是老公不見了呀。」豪銀只好一直找，也一直去問要怎麼辦居留證。到後來，警察才跟她說：你老公被抓去關了。

沒有老公陪同就不能辦居留證的豪銀，語言不通之下，變成了無國籍人口，就是黑戶了。豪銀開始了偷偷摸摸工作的日子，一路從北部打工到中部。因爲沒有居留證就沒有工作證，豪銀常常遇到不敢用她的工作，就算用了，薪資也是極度低廉，長工時。「我還做過工作十二小時，一天只有三百元的洗碗工。」

這樣的日子過了兩年，一直到在某商場的美食街遇到現在的老公。原本以爲日子可以這樣穩定下來了，恐慌的心也漸漸因爲有個人相扶持而感覺安穩，在此時，豪銀發現自已懷孕了。兩人想要正式辦結婚，可是因爲豪銀的無國籍身份，讓事情變得很棘手。

法扶律師也不敢幫忙

透過同鄉姊妹賽紅介紹，豪銀來到了南洋姊妹會，認識了沛英。

「那時侯就是兩條路走：一條是回去，一條是坐牢。那就去辦辦看好了，也不一定成功」豪銀停了一會兒，水汪汪的眼睛看著我：「不想在台灣再逃了。不要再做黑戶了。」

沒有身份，找不到前夫辦居留證。想要結婚，找不到前夫，沒有辦法辦離婚。發現懷孕，還要證明孩子跟前夫無關。自首可能也會被遷返回柬埔寨，沒有辦法再回台灣——豪銀的這個案件，反映了政策的荒謬，也考驗了沛英跟姊妹會的能耐。

沛英跟詩穎幾番討論，來來回回的往返警政、移民署與社政單位，公文往返打筆戰，最後在律師建議下，決定先透過特殊個案處理解決婚姻問題，再提出親子無關係證明，希望可以獲得法外開恩。但這期待中的法外開恩，首先在法律上就跌了好大一跤，原來因為毒品、槍砲案件而入獄的豪銀前夫，這時出現了。

協助法律扶助的律師以民法1052第二項提出離婚訴訟，但在第一次開庭時，前夫大發雷霆，他發現豪銀竟然懷孕了。法扶律師眼看苗頭不對，很怕被持有槍砲的前夫找上，就不想再幫忙。「這案子光跑法庭、訴訟，就花了三年多的時間，律師還換了三個。」沛英喘了很大的一口氣說出當時的壓力，跟對司法的無奈。「像這樣要花很多時間跑法庭，還要先解決沒有婚姻效力的離婚，然後又要做親子關係否證處理，還要解決黑戶問題，陳情就地結婚，很多人就會選擇放棄了。」

沛英在陪伴豪銀的這段時間，看到了豪銀先生的古意與誠懇，看到他辛苦地工作，從來沒有抱怨也沒有放棄，甚至後來前夫索取高額的離婚費，他也想盡辦法去湊齊。

「尤其豪銀的大兒子祥祥是過動兒，後來又懷了老二，他們的生活眞的過得很辛苦，卻還是一直堅持下去，就是爲了想要安定的生活。」牽著豪銀的手，沛英繼續說案件盤根錯節的複雜性：「所以我們後來是先調解兩造合意離婚，當然他前夫拿了很高的離婚費，然後豪銀去戶政辦理離婚。」

不要做黑戶，要過安定的生活

但豪銀因爲前夫一直沒帶她去辦理延期合法居留，以致於沒有合法身份留在台灣，而變成了「逾期居留」。已經違返「合法居留」規定的豪銀，如果因爲去辦理離婚而被移民署以違返法令規定而遣送回母國，可能就無法再入境台灣了。

另以辦理境外面談來說，豪銀與現任先生必須回到柬埔寨申請單身證明等多項文件，然後再到台灣駐越南胡志明市辦事處（因台灣在柬埔寨沒有設立辦事處）申請辦理境外面談，這一來一往耗時耗力耗錢，對於豪銀夫妻是很沈重的負荷。

於是姊妹會就開始寫陳情書給戶政，副本給立委辦公室、民間團體、媒體，還有相關部會，如外交部、移民署、內政部戶政司……等等單位，希望可以讓豪銀直接在台灣登記結婚，免去一般必須在外交部及駐外館辦事處進行的境外婚姻面談與結婚文件驗證等繁雜程序。

「就是一關一關過，幾年下來，也就是一關關過。」豪銀說：「沒有辦法，這是唯一從黑暗中看見光明的機會。」

「從我來台灣、我不算有老公，我是工作活下來的。洗碗、幫人家打掃、早餐店、餐廳、洗頭……什麼都做了，我就是不想再做黑戶了」豪銀抱著老二再次強調：「不要再做黑戶了。」

離開豪銀的家，我跟沛英趕去坐車，路上沛英說：「我覺得其實這案子的處理過程，有一些可以快速或簡單一點。」她認爲政府公部門經常不聽一般人說話，特別是被看做「她們」的外籍配偶，要到了大家開了記者會，或者是請立委來，公部門才會看見這件事情。

「但來來去去拖很久，一開始都不會馬上處理，這不是很奇怪嗎？」沛英最後兩手一攤，無奈大聲說。

從黑暗到天亮

車子悠悠晃晃，一路的燈光映照著沛英時而光亮時而遮暗的臉，暗光中還是看得到她的微笑。「像這樣陪伴、協助姊妹，我只是把我知道的講給大家知道，也有可能是我不知道或沒有遇到過的。但是，我們都會一起手牽手，走過這條路，渡過同一條河。」

我告訴沛英，關於世界的許多事情，其實我也不懂，我們都不懂。但是我們在一起，都很關心在台灣的姊妹所遇到的困難，所以我們會常常討論，想辦法解決，因爲只有這樣子，才能手拉手，越幫越多人。

到站後，我們互相擁抱，再揮手說再見。

看著沛英轉身離去的背影，我好像看到了十年前那個在捷運站拉著我的手撒嬌叫「阿姐（音：寄），拜託妳跟我一起去…」的大女孩佩香，帶著一雙已經飛過絕望的隱形的翅膀，跟我揮手說再見。

註1：南洋台灣姊妹會

社團法人中華民國南洋台灣姊妹會於二〇〇三年十二月七日正式成立，前身是世新大學社會發展研究所夏曉鵑教授一九九五年在高雄美濃創設的外籍新娘識字班。南洋台灣姊妹會創立的宗旨是協助婚姻移民女性逐漸走出孤立，進而成為積極的社會參與者，是台灣第一個由東南亞新移民婦女所組成的自主性社團，章程規定百分之七十的理監事需由原東南亞籍的姊妹 擔任。

註2：

《入出國及移民法》第31條：明定「外國人於居留期間內，居留原因消失者，廢止其居留許可，並註銷其外僑居留證。但有下列各款情形之一者，得准予繼續居留：一、因依親對象死亡。二、外國人為臺灣地區設有戶籍國民之配偶，其本人遭受配偶身體或精神虐待，經法院核發保護令。三、外國人於離婚後取得在臺灣地區已設有戶籍未成年親生子女監護權。四、因遭受家庭暴力經法院判決離婚，且有在臺灣地區設有戶籍之未成年親生子女。五、因居留許可被廢止而遭強制出國，對在臺灣地區已設有戶籍未成年親生子女造成重大且難以回復損害之虞。六、外國人與本國雇主發生勞資爭議，正在進行爭訟程序」。

羔露・瑪萊／陳美珠

來自阿美族Amis ，花蓮縣鳳林鎮吉娜魯岸部落

學歷：台北中興大學(夜)公共行政研究班結業

　　　台灣花蓮玉山神學院東南亞學士

現職：行政院原住民事務委員會族群專任委員

重要經歷：

- 高雄市前鎮區公所婦女社會參與促進小組委員執行秘書
- 行政院婦女權益促進委員會委員
- 行政院原住民族委員會原住民族性別平等專案小組委員
- 行政院原住民族委員會專任委員(阿美族族群代表)
- 台北市南港、內湖婦女服務中心督導、顧問
- 台灣基督長老教會西美中會七美教會傳道
- 高雄市原住民婦女會理事長
- 台北市原位民清潔勞動合作社創辦人

Apu'u／阿布娪・卡阿斐依亞那

來自Kanakanavu族，高雄那瑪夏達卡努瓦部落

學歷：國立高雄師範大學 性別教育研究所畢

現職：行政院原住民事務委員會族群專任委員

重要經歷：

- Nannaku tarasinata(女人學校) 創辦人
- 部落願景屋 發起人
- 復育 Usuuru /女人的田地
- 達卡努瓦部落重建工作站 站長
- 高雄市政府莫拉克颱風災害重建推動委員會 副執行長
- 南方部落重建聯盟總召集人
- 行政院婦女權益促進委員會委員
- 高雄市原住民事務委員會主任委員
- 台灣卡那卡那富文教產業發展促進會 副秘書長
- 高雄市原住民婦女永續發展協會（又名：女窩）發起人
- 高雄市原住民婦女成長協會 發起人

如山如水，一起守護女人

～側記阿布娪 陳美珠

撰文 胡頎

「我一定要讓妳們多訪一個人。」阿布娪說完後便走出辦公室。

原住民委員會近年才駐進新莊聯合辦公大樓，從十四樓望出去，可以看到一棟棟高樓如雨後春筍矗立在新莊副都心。窗邊衣帽架上掛著部落的背心，沉靜的色澤和與地面平行的線條映著外頭跋扈的城市風光。

阿布娪帶著阿美族的陳美珠委員進來，窗邊突兀的對比登時便爲另一種和諧的映襯取代。美珠給人的感覺像山一樣安穩厚實，能屏衛一切風雨，讓萬物自由自在生長。而阿布娪則像水，眼中閃爍著靈動不止息的光，能帶著源頭的枝葉一路到大海，也能在最堅硬的石壁上找到縫隙，穿過它。

「我不是社工，我是重要陪伴者」

美珠是玉山神學院的畢業生，在那兒她了解身爲原住民意味著什麼，也意識到只有自己能捍衛自己的權力。一九八四年，她參加了新成立的台灣原住民權利促進會，並在一九八七年爲被賣到華西街的原住民雛妓走上街頭，一同成立彩虹之家，讓原住民少男少女有機會學得一技之長。一年後，美珠到基隆的教會服務，在那兒，她第一次遇到受暴婦女。

美珠記得那天早上起床不久，有人從廚房後面敲門敲得很厲害，她打開門，看到一位女子眼珠凸出，充滿血絲。她嚇了一跳，但沒有多說話，只問：「妳現在打算怎麼做？」來求助的女子是教區的原住民姊妹，三十多歲，和丈夫一起從部落搬來城市謀生。丈夫是貨車司機，工作時間既不正常又不穩定，兩人一起扛著不友善的氛圍，努力扶養兩個孩子。

「家暴最嚴重是她剛生老大的時候，丈夫竟然用那個魚槍拿起來就要射！」但這是受暴姊妹花了很久時間克服恐懼後才告訴美珠的。當時她只是站在廚房裡，瞪大帶著血絲的眼睛，不知如何回答。於是美珠提議一起出去走一走。

路上兩人沒說什麼，直到美珠開口問：「妳要不要回去？」她才第一次說出：「我不要再回去。」於是她們住進旅館，聊了一整夜。她告訴美珠丈夫怎麼貸款買了貨櫃，從高雄到基隆，一趟就能賺很多很多。然而他也在壓力下染上毒癮，終而無法再償還貸款。她說她想當美容師補貼家用，但沒有安全感的丈夫卻不願讓她離家。兩人開始發生爭執。她逃到教會的那天早上，丈夫開了一夜的貨車回來，渴望和她行房。但時間和心情都太不對了。她拒絕，於是兩人發生了嚴重的衝突。

「一般社工根本就不可能去談這個，他們要用一堆專有名詞，說一堆別人聽不懂的話。他們都用自己的思維去看待別人，別人根本就不想和你說。我聊一個晚上什麼都出來了，專業社工能嗎？最後她在掙扎要不要原諒丈夫，我說：『妳試試看想，可不可以再做一次愛。』社工敢這樣講嗎？但這是最直接的。當她想了一下，說她眞的沒辦法接受的時候，她就很清楚必須要離開。」

美珠一直到現在都還和那位姐妹保持聯絡，看著她一步一步從陰影中走出來，成爲獨當一面的美髮師，也陪著她經過其他感情的波瀾。「我不是社工，我是重要陪伴者。」對美珠而言，一個陪伴者要做的並非告訴對方「應該」如何，而是讓一切遭遇可以言說，讓需要的人感受到在這兒她是安全的，是可以被接納、被理解的。因此她總是從對方熟悉的語言開始。

用她聽得懂的語言，信任她

「譬如舉一個很簡單的例子，什麼叫侵蝕？她聽不懂，要怎麼讓她明白？我就說：妳有沒有去過河邊？有沒有去過海邊？妳看到海邊的石頭怎麼樣？有沒有很多一個洞一個洞？爲麼它會有好多洞？就是那個水它每天給它沖一次沖兩次，好幾年沖來沖去，就變成一個洞一個洞。什麼是侵蝕？妳要用她的生活經驗來說明專業的東西，這個是社工最弱的。」

訪談過程中，美珠不斷透露出對講求專業的社工處理的憂心。這很大程度上源於過去不理想的互動經驗。有一次，她將一位受暴婦女接出部落，送到安置所。她不知道對方確切被安置在哪兒，只能電話聯絡。

「只要她打給我，我們就會碰頭，吃個飯，聊聊天。不到兩個禮拜，她就跟我說她在安置所很辛苦。她說她被誣賴偷東西，她非常不能接受。我說如果你沒有拿不要理別人就好啦。她就說，社工對這件事不諒解。我聽到這邊就眞的抓狂了……」最終那位姊妹選擇回到部落。好不容易逃出來的決心，好不容易建立起來的信任，全都在安置所被消磨殆盡。此後美珠再遇到受暴婦女，就很不願意把她們送到那裡。「我常想，原住民究竟適不適合送一般安置？」

從生命經驗的隔閡、處遇標準流程、公事公辦的責任劃分到根深柢固的文化歧視，太多負面的接觸讓她感到問題難以在公家體系中獲得解決，但如果政府無法提供出路，出路又在哪兒呢？

對許多受暴者而言，部落就是全世界

「其實我最早遇到的受暴婦女是我表姊。」

美珠說她那時候還小，只知道表姐常常被打，表姐夫為了不讓她逃走就把她衣服脫光。在家裡挨打，逃回娘家一樣挨罵。婚姻暴力本來就是很隱諱的問題，而這在相對封閉的部落裡更嚴重。在沒有任何支援體系的情況下，美珠的表姐將孩子送進育幼院，隻身到日本下海賺錢。

「那是沒有資源的時代，但現在真的有比較好嗎？最簡單的說，你要她離開部落，可是部落是我們的世界。家暴不是她的錯，可是為什麼被

「我常想，原住民究竟適不適合送一般安置？」美珠說。

懲罰的是她？誰都知道安置中心就是去被關起來！老實說，在情感沒有獨立經濟沒有獨立的狀況下，婦女根本不可能離開部落，離開是都會型的思維。我不管什麼處遇，什麼專業，我只知道要讓個案信任，要帶她到可以讓她覺得安全的地方！欸阿布娪！」美珠越講越激動，最後以近乎生氣的語調叫了一聲，於是阿布娪把話接了過去。

「妳們有沒有思考過，把媽媽帶走，孩子怎麼辦？」她轉向我們，劈頭丟了這個問題。對許多原住民而言，部落就是全世界，大家的連結非常緊密。如果沒有好的支援，受暴婦女能做的選擇通常只會使她陷入惡性循環。家暴引起的閒言閒語已令人難以承受，離開部落到外面的世界往往更會被解釋為一種對集體的傷害。「對孩子而言，他最愛的人就是媽媽，可是他的全世界都在說他媽媽的壞話。妳有想過那個孩子會有多大的創傷嗎？」

「其實這些都已經是被漢化的觀念，什麼家醜不可外揚。」美珠又接回來說：「在最早期，婚姻不是兩個人的事，而是A部落和B部落兩個部落的事。如果家庭有狀況，是兩個部落的家族會出來解決問題。」

對許多原住民而言，部落就是全世界。如果沒有好的支援，受暴婦女能做的選擇通常只會使她陷入惡性循環。家暴引起的閒言閒語已令人難以承受，離開部落到外面的世界往往更會被解釋爲一種對集體的傷害。

「是啊，以前是要殺豬賠罪，長輩大的都要出來協調。」阿布娪附和著：「我們不容許我們的孩子被你們欺負，這是家族被侵犯。」

但這些文化都消失了。舊模式不再運作，新模式又尚未建立，生於這個青黃不接時代的人們只能守著，默默承受不幸；或者咬牙走出去，一步一步，切身體會削足適履的痛。

問題永遠不只是「增設一個欄位」那樣單純

「這就是為什麼我們要設家庭婦女服務中心。」阿布娪地說：「我們希望有一個地方，這些東西是可以被討論、可以被說出來的。我們希望讓原住民婦女有機會回頭去理解，發生在她身上的究竟是什麼？我們希望能夠不使用『結構』這樣的詞彙，但是讓我們的姐妹意識到結構下我們在哪裡。」

阿布娪的計畫沒有獲得支持，這多少在意料之中；意料之外的是排山倒海的阻力。一開始在原委會提案時，大家都告訴她：內政部統計原住民家暴案數量沒有多少。她很訝異地去翻統計資料，才發現身份項目裡根本沒有原住民這一欄。

「我希望這個國家正視原住民的家暴問題，可是這個國家要的是數字。你連身份欄位都不願意放，我要怎麼做？」

問題永遠不只是「增設一個欄位」那樣單純。負責人員告訴她，在電腦程式遠不如今日發達的年代，增設一個欄位意味著全國所有相關系統的改寫——這聽起來像一個隱喻的迷宮。提案後不久，另一位原委會的女性委員便向主委檢舉阿布娪，認爲這麼做會加重社會對原住民家暴的刻板印象。

這是原住民族群歷史蒼涼而諷刺的一頁。對許多一輩子都在和歧視對抗的人而言，爲了保護好不容易撐出的場面，他們不得不掩蓋那些不名譽的，拒絕那些可能再次與負面標籤連上、刺痛傷口的種種。他們渴望保護族群，卻使得那些眞正需要保護的人無法被看到。

「家暴、酗酒，這些原住民彼此之間可以講，但不能對漢人講。在外面只要一聽到酗酒就都會緊張起來，開始捍衛。可是我仍然要去碰它，要直接掀開那個傷口。」阿布娪說：「這是我們族群的滄桑，你去看，就可以理解，理解了就不會有這麼多的怨，只會心疼。但我不能因爲你們少數菁英而放棄集體應該要爭取的，所以只能很孤單的繼續做下去。」

從參加讀書會到組織皮雕班

讓阿布娪相信努力必然值得的，是早期在鳳山組織皮雕班的經驗。

民國八十年代是讀書會極盛的年代，人們在各個據點群集，試圖透過書籍理解自己的定位和生命的意義。然而阿布娪的讀書會源於一段相對曲折的插曲。那時她住在高雄縣青少年婦幼服務中心附近，每天送大兒子上課後，就帶小兒子到那兒去玩。而那裡剛好就是王淑英組織讀書會的地方。

「我看他們在裡面讀書，就也在旁邊看。王淑英老師出來說：『來來來妳一起來！』我就進去了。後來自我介紹，那時候原住民還叫『山地人』，我就聽到有人說：『欸，山地人怎麼也來讀書？』然後全部人那個眼光……真的非常不舒服。」

她雖然撐過了那一場，但此後便再也不願意參加，同時也不禁興起了：「其他的原住民婦女都在哪裡？」這樣的疑惑。在王淑英的鼓勵下，她開始組織散落在都市中的姊妹。一九九七年，高雄縣原住民婦女成長協會正式成立。

「一開始眞的不容易。」阿布娪說，一開始大家連怎麼開會都不知道，只是約好每隔一陣子到哪裡聚會，互相分享彼此的生活：最近工作怎麼樣、平地人又說我們什麼、小孩如何，還有丈夫。

那時候有兩位排灣族的婦女都因爲在工廠工作的關係認識了漢人丈夫，然而隨著加工出口區沒落，生活漸漸窘困，各種沮喪挫折反噬了本該做爲避風港的家庭，在「愛」中消融的原漢之分便這麼血淋淋地重新浮現。丈夫一邊打一邊罵著「番仔」，告訴她，她不屬於這裡。然而她們也回不去了。

目睹原漢婚姻中的暴力

「娘家的人本來就不喜歡白浪（漢人），

「我希望這個國家正視原住民的家暴問題，可是這個國家要的是數字。你連身份欄位都不願意放，我要怎麼做？」阿布娪說。

所以就會冷冷說：『就叫妳不要嫁給白浪，妳看白浪的男人就是這樣。』所以那個時候，如果老公又開始喝酒，她就開始緊張，找我們要躲。可是都市我們都是散居的，其實沒這麼好找，也不是每個人家裡都有電話。有時候就眞的來不及……」

說到電話，阿布娪想起一段小插曲：「那時我常常很累，有一天我回家倒在沙發上，結果有受暴婦女大概十一、二點打來，是我小兒子接的，那時候他大概才四、五年級，他看我在那邊很累了，然後電話常常一講就要講到三、四點，就說我在睡覺。可是對方因爲被打，一邊哭一邊說：『弟弟你不要掛掉。』結果他就站在電話旁邊聽了兩個多小時。」

然而暴力並不只有肢體上的。阿布娪一開始接觸到的受暴婦女其實很多是第一批和外省榮民聯婚的，她們遭遇身分歧視和經濟控制的問題。當時普遍印象都覺得外省人比較疼老婆，不太會打人，但她親眼見過那種陰沉暴力的毀滅性。丈夫總是在孩子前面驕傲地說「我們河南人如何如何」、「那個番婆，那個山地人如何如何」，動輒嫌她處理食物的方式、制止她用自己的方式哺育小孩，卻忘記那個「番婆」正是孩子的母親，他的妻子。這對婦女和孩子都造成很深的創傷。

在皮雕課上，許多婦女哭著說自己如何在十四、五歲的年紀爲了米和麵粉嫁給比阿公還大的老兵，哭著說那個被自己留在部落的男朋友，還有那個被留在部落的自己。

「有一個人在畢業典禮的時候帶了女兒來，她女兒從來就不願意承認自己有原住民的血統，就覺得自己是外省人。在畢業典禮上，媽媽哭著說沒有想到會在都市找回自己，她說她一開始完全沒辦法描繪布農族的圖像。她哭著說她抹掉了很多東西，小時候什麼都想不起來了，但是在做皮雕的過程中一點一點重新找回來了……然後那個女兒就在台下哭，哭慘了。後來她就願意來幫我們帶其他小朋友了。」阿布娪說：「我覺得這是一個重新認同自我的過程。只有回溯了自己的生命經驗，才能療癒，才能有眞正的主體意識，然後才能談性別、談家暴。」

然而皮雕班也讓阿布娪第一次意識到運動道路的孤單。

在讀書會當紅的年代，大家都認爲讀書是進步的象徵，而皮雕手工則坐實了「原住民只會敲敲打打浪費國家資源」的刻板印象，甚至連原民會都不願意核准這樣的文化成長班。但阿布娪認爲比起抽象的書本，循著部落圖騰紋路閱讀自己，才能眞正喚起自我的意識。因此她離開了鳳山市都市山胞生活改進教育協進會和縣府原住民行政課，離開了「文明」的培力模式，踏上回歸部落的道路。

當「集體」本身陷入危機，婦女如何安身立命？

在那瑪夏，正如多年前的皮雕班，阿布娪再次憑著信念和意志力推動了原住民家庭婦女中心，然而許多事卻在人力之外。

「妳一講到家婦中心阿布娪就要抓狂囉！對不對阿布娪？」美珠苦笑著問。

「平心而論，不是沒有好的政策。」阿布娪跟著苦笑：「可是執行的時候常常在行政系統裡就被弄壞了。」大家都需要資源，但是資源總是有限，比如一旦有和婦女人生安全相關的資源挹注下來，社會局、勞動部各單位都想要分，都想要實現他們眼前迫切的計畫，但如此一來最後剩下的也就什麼都很難成就。

然而有時也不完全是外部的問題。就像前面提到的，少數原住民菁英對族人的態度往往比外人還嚴厲。有時內政部的人甚至會私下來找阿布娪，不理解爲什麼他們明明都覺得可以通過了，反而原民會卻以更嚴格的要求擋了下來。「我們潛意識裡都不想被歧視，所以有些人希望表示自己的專業或者什麼，但這反而把原本有機會可以現身的，眞正需要改善的那一塊封住了。」

但對阿布娪而言，推動原住民婦女運動最大的困難卻不在這個層面上。

「我覺得很大的困難是普遍的生計不安定，不安定到他沒有足夠的空間來看他自己。現在原住民很多時候是很錯亂的，我們談部落，但那個集體卻幾乎不存在，家戶都是很資本主義的。更何況現在很多年輕人的經驗都是空白的，比如我的小孩從懷胎開始就不在部落了，那部落對他來說到底是什麼？他一出生世界就是這樣子，他就算回到部落也是現在的部落，而不是我們那時候的部落，不是我們希望他感受的那個文化經驗。你要他怎麼辦？這其實很辛苦……」

文化的流失與侵蝕就像深山裡的溪澗一樣，靜靜緩緩，不知不覺就令人有了天長地久的錯覺。阿布娪所屬的卡那卡那富(Kanakanavu)是父系社會，但她在部落工作時曾問過耆老，那個專屬於男性的聚會所眞的從來就不讓女生爬上去嗎？耆老說，不是的，以前其實有女人梯，專門給女生上去用的。另一次，耆老告訴她，以前溪流其實是女人的場域，在溪流裡的時候就是女性作主，男性爲輔。那麼是什麼時候開始，部落對於性別的認知，從男女分工的差異轉爲權力的差異呢？

「從男人失去獵場之後。」阿布娪說。男人失去了獵場，所以才將白浪那一套性別宰制搬進來。「我平地的朋友常常說：『阿布娪妳號稱原住民女性主義者，怎麼可以容忍妳部落的男人這樣？』我就說，妳如果理解原住民的社會脈絡，妳就會忍不住同情。我們的男人也是在整個大結構底下被壓迫的一群。」

大家都在談受暴婦女的支持系統，然而當「集體」本身都陷入危機，又要從何處尋找能接住婦女，讓她安身立命的網絡？

「我懂，我們都很痛」

陪伴原住民婦女二十多年，一起經歷各種分秒必爭的驚險與苦盡甘來的歡笑，有生離，也有死別，但對阿布娪而言最難忘的卻是文化成長班的一幕插曲。

文化成長班是爲了讓婦女有重新建立自我的舞台。過去部落常常在喝酒時東家長西家短，大人總覺得孩子聽不懂，所以毫不避諱地在他們前面批評受暴婦女。然

阿布娪感慨：「我們談部落，但那個集體卻幾乎不存在，家户都是很資本主義的。更何況現在很多年輕人的經驗都是空白的，比如我的小孩從懷胎開始就不在部落了，那部落對他來說到底是什麼？他一出生世界就是這樣子，他就算回到部落也是現在的部落，而不是我們那時候的部落，不是我們希望他感受的那個文化經驗。」

而孩子怎麼會不懂？對他而言，最愛的就是母親，但耳目所及所有人都在說母親的不是，那是旁人難以想像的痛。

因此，文化成長班經常邀請婦女來當一天講師，讓她們分享，讓孩子有機會看到母親也可以當老師，不是像大家說的那樣不堪，進而開啓親子對話的可能。然而，事情沒有這麼簡單。有一次，一位婦女的孩子一直不安分，她一時情緒失控就踹了那個孩子。孩子哭了，她當場愣住。

「那個悔恨自責挫折的表情，我永遠不會忘記。」阿布娪說。

那位婦女年紀很輕，從小在父母的爭吵中長大。因爲家庭重男輕女的關係沒有機會進入學校，十幾歲就遭到性侵、懷孕，不得已匆匆結婚。對她而言，生命中最重要、最想保護的就是孩子。在狀況好的時候，她常常回想小時候，想像未來要讓孩子過得幸福快樂。可是當她發現自己沒有能力，甚至因爲情緒失控而傷害小孩時，那種沮喪、痛苦遠遠超過她所能承受。而阿布娪就站在那裡，看著她無助地顫抖。

「我眞的很心疼。那個當下的她一定覺得都是你害的，因爲我懷了你才會變成這樣。可同時那又是她人生中的最愛。她自己都還來不及長大，其實也還是個孩子，卻要面對這樣困窘的生活，經濟的壓力，丈夫的毆打，孩子鬧又管不動，忍不住動手之後那個痛……」阿布娪的聲音很輕，很柔，到最後已經飄到很遠的地方，彷彿不是對著我，而是對著當時的少女說：我懂，我們都很痛。

一起創造生活，耕種「女人的田」

失去了集體，個人就沒有重新站起來的位置；不知道下一餐在哪裡，就不可能往更深更遠的地方看。如果不能解決這些最根本最現實的問題，再多的課程，再多的補助，都是無濟於事。這是三條生命的重量換來的教訓。

在「女窩」（高雄縣政府原住民婦女永續發展協會）成立不久之後，兩年內三位二十幾歲的姐妹相繼因家暴過世，阿布娪嚴肅地對同伴們說：「如果我們不能因此改變，我們就不需要存在了。」於是，她們決定重新從生計做起。她們知道，大家都是弱勢，沒有誰能提供生活的保障，但是大家在一起就有可能一起創造生活。

二〇〇九年莫拉克颱風帶來的豪雨摧毀了那瑪夏的村落，也帶來了轉機。當時救災資源大量湧入，許多機構也都進入部落復育和培力，但阿布娪感到族人需要的首先是安定自身的力量。因此，她和姊妹們開始在一小塊地復育傳統作物，種菜、養雞，並用部落的小麥做麵包，試圖在對外道路不時中斷的情況下自給自足。

外界資源不久就離開了，但田地留了下來。二〇一三年的某個下雨天，阿布娪發現幾位老人在田邊竊竊私語，然後哭了起來。他們說自己好像看到了六十多年前的「Usuuru」——女人的田。那是部落男人還沒失去獵場的年代，在他們上山打獵時，女人就負責照顧田地。女人的田裡混雜著不同作物，供應家人一年四季穩定的食物。在田地裡，耆老們眼中第一次有了「回家」的光輝。

復育女性生命的完整

從部落到都市，再從都市回歸部落，阿布娪的經歷和頭銜可以洋洋灑灑列滿一整頁。然而不論在地方草根社團還是十四層高的中央辦公大樓，阿布娪在各個位置上的努力都指向同一個目標。

「怎麼復育女性的生態觀？怎麼復育女性的智慧？怎麼復育女性的生命自主

權？」她看著照片中站在女窩田地旁的姊妹，喃喃地說：「我只是復育這個傳統，復育每個女性生命的完整，對，我真的只做這個，我一生只做件事而已。」

這個設計是一隻張開的手，象徵成長後堅強而美麗的女力。

圖片來源 Shutterstock

復育女人生命的田

撰文 周憶如

從前卡那卡那富族有一塊地，那塊地不大，卻有各式各樣的農作物，婦女很有智慧地耕耘那塊地，所以那些農作物可以供應我們終年豐盛的食物。男人終年在山上打獵，並不知道婦女們怎麼耕耘那塊，但是從來不用擔心。因為每當我們找食物時，婦女們總是從土地找出食物，不用擔心餓肚子。

（U'suuru 女人田傳說）

那瑪夏（Namasia）座落在玉山腳下的山谷間，自高屏溪源頭的楠梓仙溪、荖濃溪，緩緩沿著高聳陡峭的山壁穿流，四面環山的河谷與台地，景色豐富多變。卡那卡那富族（kanakanavu）、布農族（Bunun），拉阿魯哇族（Hla'alua）、排灣族（Paiwan）、客家人在這裡共同居住，交融出美麗的多元族群文化。

依山傍水的河川與山林，曾是族人的獵場。男人出去打獵時，女人則耕種一塊生命的田。二〇〇九年莫拉克颱風災害重創那瑪夏區部落，族人被安置山下市區六個月後，阿布娪・卡阿斐依亞（Apu'u・Kaaviana）和婦女選擇回返部落，面對百廢待舉的故鄉進行生活重建工作。

她爲了長期對抗政府的遷村政策以及在地備災，決定在外婆的耕地上，把傳統作物一一種回來。當耆老Cuma muu看到那塊田地，他驚呼：那是我們 kanakanavu 的「U'suuru」！

原住民族從分工視角，劃分性別關係

長期投入原住民權利運動、社會婦女運動以及受暴婦女保護的阿布娪認爲，若要談原住民親密關係暴力問題，一定要先從原住民的集體生活機制以及性別分工談起。

「一般人對於原住民族會區分父系社會或母系社會，但是那樣的認知並不夠細緻。對大部份原住民族來說，男人出外狩獵，女人在家耕種、織布，維持家庭正常運轉，就是原住民族維持社會體制的重要生活文化。」阿布娪認爲，這種表面傳統的「男主外、女主內」觀念，其實是從分工的視角去劃分性別關係：「在原住民的社會，不是用權力誰大誰小、男尊女卑概念來劃分，而是用分工來理解性別。這跟漢人從權力談性別的觀點是最大的不同。」

在傳統部落的集體生活中，山林是男人狩獵的主戰場，女人從中扮演採集的輔助角色；山巒間的溪流孕育著田地，女人負責耕種和撈捕魚蝦，所以在這裡女人是主，男人就是幫忙的角色。以卡那卡那富族來說，縱使屬於父系社會，但是男女分工並不是來自權力的差異。

「男人出去打獵，女人當然就是那段期間的當家。她肩負起維持家計的責任，掌管經濟與大小事務，還有文化的傳承。她會好好的維持這個家庭，等待著男人的成功歸來。但不代表這個男人才是唯一的經濟提供者，女人的耕種、手作、照顧老弱婦孺，一樣是穩定經濟與家庭的重要角色。」阿布娪說。

一旦男人失去獵場……

原住民族在台灣資本主義發展過程中，逐漸被剝奪了土地的所有權，打獵無法支撐家計，耕種成本不堪市場價格的起落盈虧。一九七〇年代台灣經濟起飛，需要大量的勞動人力。爲了解決生活困難，原住民男性在失去獵場後，孔武有力的體格淪爲勞力市場上的廉價人力。他們進入城市的勞力市場，卻面臨缺乏保障的工作環境，而生計上的不安穩，向來是夫妻爭吵的最大原因，讓家庭成爲暴力的溫床。

爲什麼有這麼多家暴事件？原住民男性面對高失業率的無力感，是助長暴力的原因。「這些失去獵場的男人，你會忍不住同情他們。當主流社會以權力做爲性別分工的價值觀念，其實你也不能忽略原住民的男人也是在整個大結構下被社會壓迫的一群，他在外面打不過拚不過，因爲生存、男性自尊等等壓力，家裡身邊人很容易成爲出氣的對象。」阿布娪語重心長說出了原住民家庭暴力現象，其原因正是弱勢者身處邊緣的反抗。

根據原民會民國九〇年九月針對原住民失業狀況調查報告，顯示原住民的失業率高達百分之十四點八六，和同期台灣整體失業率的百分之五點二六比較，高出近三倍。數據顯示，原住民高度失業是當時台灣社會現況的事實。

國立高雄師範大學謝臥龍教授在〈從原住民家暴的認知和求助需求建構－以部落為主體的家暴防治整合模式〉一文中提到，原住民與一般社會中的家庭暴力現象有許多相似之處，但其原因至少有三項特殊性：一、原住民家庭暴力不僅是特定夫妻或家庭中的傷害事件，更傷害到部落。二、原住民家庭的問題根源可以追溯到以往國家對原住民所執行的不當同化政策。三、原住民部落內部的暴力問題其實反映了一個充滿種族歧視的社會環境，尤其對原住民婦女的貶抑，剝奪了她們作為人的基本權益。

謝臥龍教授所提出的點，與阿布娪、陳美珠多年來協助受暴婦女的經驗與認知完全相符。謝臥龍教授進一步提出，原住民男性的無力感是家庭暴力的主因。因為原住民男性在政治上缺乏參與決策的機會，在經濟上經常貧困，在社會關係中處於弱勢，在結構體制上感到無力。所以他們開始內化壓迫者的特質，背負著未曾治癒的創傷，而成為家暴的加害人，將憤怒的情緒以虐待的方式抒發，以酒精與暴力的傷害自己與心愛的人。

當婚暴服務無法按照部落婦女的需求

遭受家暴時，婦女第一時間會求助家人或親密好友，在訴說過程中，大部份就被息事寧人了。除非被打到送醫，由醫療人員協助通報，或者求助警察，家暴事件才會進入正式的協助系統。「通常會找你求救的，那已經是非常非常嚴重跟長久了。」陳美珠說。

但受暴婦女進入正式協助系統之後，遇到的社工卻開始跟她講不在生活上的名詞。那時的社會福利體制尚在建立中，所謂的「專業社工」大多未有文化敏銳度，無法理解原住民特有的族群文化與部落機制，只是一味勸受暴者離開家、離開部落。但對婦女而言，處遇是什麼？安置中心是關起來嗎？監護權？保護令……一切聽得霧煞煞。

「別說聽不懂，就算聽得懂她也不管你。」陳美珠對於當時的婚暴服務太過於板模化相當的無奈。她一直認爲，社工最重要需要做的事，就是跟婦女說：「我可以爲你做什麼？」除了不斷傾聽，用婦女熟悉的語言去提供訊息跟資源，這就是陪伴。

但陳美珠認爲自從家暴法實施後，社工開始被過度規範，所謂的專業看似提升，卻限縮了服務的可能性。在複雜的家暴問題中，政策有時讓社工綁手綁腳。以如何處遇爲例，「社工體制的建制並不瞭解原住民文化。絕大多數婦女並沒有想要離開家、離開部落，甚至離開孩子。對她來說，那是她的家，她的土地，她的家人。光帶走人無法解決問題。她們只是想改變先生的暴力行爲，她們需要的不是離婚、離開小孩，而是如何面對當下的暴力與日後關係的處理。」

安置處所爲了安全考量，通常都位於非常隱密的地方，這無可厚非。可是陳美珠就很不願意讓她協助的婦女放在安置所裡面，因爲那是她們不熟悉的體系，也不是可以選擇的處所。當社工依照國家政策，提供受暴婦女緊急的因應措施與協助，卻未體認原住民緊密的社群關係與文化。

太多這樣的例子，讓陳美珠開始想：原住民婦女的受暴問題，到底能不能用一般的處遇來面對？她陪伴最長的婦女，已經長達二十年之久。她曾和受暴姊妹一起坐在部落，升著火聊天喝酒聽故事，理解她的恐懼與害怕失去。當姊妹猶豫著要不要接受先生的求愛時，美珠甚至建議她再做一次看看，就知道自己想的是什麼。

「應該是按照妳，按照婦女自己呀～」

其他原住民女性在哪裡？

一九八七年，高雄縣唯一的女縣長余陳月瑛上任之後，邀請剛從美國拿到博士的王淑英到高雄縣政府，開辦一連串針對婦女學習的方案，從婦幼中心，到創建全台第一間婦幼青少年館，開辦婦女學苑、婚姻學校、婦女社區大學，以公部門投注資源在婦女教育、培力的領域。

當時住在鳳山的阿布娪帶著孩子到鳳山婦幼館玩耍，因緣際會認識了在婦幼館當主任的王淑英。王淑英邀請阿布娪一起參加讀書會，但阿布娪面對其他人「沒有想到山地人的婦女也會來參加讀書會」的氣氛，感到相當不舒服，意興闌珊。但同時，也因為被歧視的感受久久揮之不去，讓她興起了一個念頭：「我在想，你們怎麼這樣說我們？然後就開始想要尋找其他的原住民女性在哪裡。」

恰好王淑英要做當地女性生命故事的口述歷史，邀請阿布娪一起參與。透過拜訪在地女性，阿布娪驚訝地發現，原來原住民婦女遭受暴力的情況相當嚴重。阿布娪住家所在的鳳山擁有許多營區和眷村，她仔細觀察眷村內原、漢結合的婚姻，發現夫妻之間的相處與親子教養所造成的衝突非常嚴重。而由眷村擴大到觀察城市，原住民婦女無論嫁的是外省人或平地人，又或者是從部落到都市討生活的原鄉人，多數都是底層的軍人或勞工，共同面對的還是貧窮的生活，以及隨著貧賤夫妻百事哀而來的家暴問題。

在那個受暴婦女被打個半死也沒有庇護中心可以去的時期，身為鳳山婦幼館讀書會唯一的原住民女性，她漸漸成為住家附近原住民受暴婦女求助的對象。阿布娪開始運用身邊熟悉且可以信任資源，像是教會，先提供婦女跟孩子緊急安置的處所，再串連公部門的其他資源，一步步摸索。後來王淑英鼓勵阿布娪，是不是自己也組織個協會，可以幫助更多有需要的婦女？於是「高雄縣原住民婦女成長協會」

在一九九七年正式成立。

讓受暴者說出自己的故事

整個社會對原住民的歧視氛圍，讓受到暴力傷害的婦女更無法對外求助。雖然當時已經開始推行家暴法，但社會福利相關人員並沒有原住民的文化敏感度，使得受暴婦女對公部門的求助經驗充滿挫折。

「舉個最常見的情形：婦女一旦跑出來了，最有緊急需要的是有個住的地方。但這個地方說是安置，從另個角度，就是婦女被關起來了，那是她沒有想到的情況。她無法回去她的部落、孩子跟家族。」部落婦女並不想要關係被切斷，她只是想先保住性命，獲得安全而已。

檢視家暴體系的資源分配模式，會發現政府將保護資源集中在危機處理階段，像是通報專線、緊急保護令、緊急庇護安置等。而危機過後的生活重建，對於需要經濟收入的婦女來說，家暴很根本的問題就是來自經濟危機，但鼓起勇氣逃出來後，還是遇到一樣的問題：沒有工作，沒有錢。

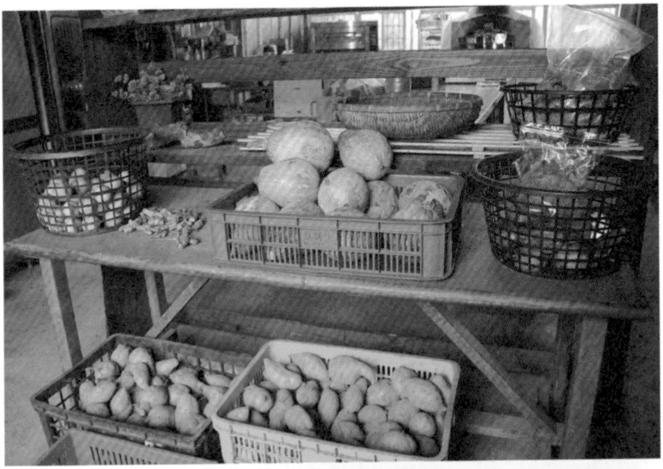

讓婦女能夠自己說出自己的困難，是阿布娪和協會一開始最想做的事。於是她們從很能把大家聚在一起的手工皮雕班出發，讓參加的人可以一邊學習皮雕技術，一邊透過說出自己的故事，去修復自己的創傷。

「一開始邊講邊做邊哭，是當時常有的情況。」阿布娪運用敘事心理治療，讓被老公打十幾年的國中老師，排灣族 INA 說出積壓的委屈。另一位泰雅族的姊妹，跟原本在桃園工廠一起認識的先生來到鳳山工作，卻因工作的不穩定與高勞動力的環境，讓在外壓抑的先生回到家總是先讓她飽粗一餐，將氣發洩在自己跟孩子身上。還有個孩子不承認自己是布農族的媽媽，一開始沒辦法描繪布農族的圖騰，她離開部落太久了，什麼都想不起，她哭著說她被打掉太多東西了，包括她自己。

「我覺得這眞的是一個重新認同自我的過程，當她重新看待自己的生命經歷，才能去看那個傷口，去療癒。然後才能進一步跟她談性別，談家暴。」阿布娪伴著好多人看見自己的創傷，靜靜地聽著每一個故事，然後等待她們慢慢建立自己女性的力量。

回到那瑪夏成立「女窩」

在鳳山服務都會原住民的經驗，讓阿布娪與婦女共同累積了使命感。她在二〇〇三年五月二十三日回那瑪夏部落，成立了「社團法人高雄縣原住民婦女永續發展協會」，又稱「女窩」。這裡辦理兒童課後輔導班、婦女文化成長班，以社區工作做為基底，希望讓女人更有力量，老人和小孩能獲得照顧。「我們的文化和土地緊緊相連，為了讓族群文化延續，我們還是要回到自己的部落。」

回到部落，好多的事都需要做。除了社區照顧，文化傳承、土地關係，歲時祭儀的恢復，族名正名與族語復興……，包羅萬象。部落婦女參加女窩的文化成長班之後，跟從前的皮雕工作坊一樣，也一一將自己去與現在進行式的受暴經驗分享出來，透過定期的聚會，學習新的知識看待自己的生命，慢慢培力了重新對待自己的力量。

「剛開始，來女窩上課學習的婦女，會被部落的人稱為強勢的女人。男人覺得如果家裏的太太也去的話，會被那些不聽話的女人帶壞。」但 Maital 還是堅持要來女窩，「以前都默默忍受暴力，不敢發出聲音。接觸女窩後，知道什麼是性別歧視，知道自己有什麼權利，我就敢說話，敢爲自己出聲音了。」Maital 現在也是社區長照的照護員，協助照顧部落老人家。

USU 當年第一次被漢人丈夫動手打，立刻決定要帶兩個孩子離開。因爲她從自己孩提時目睹暴力的經驗知道，這種事「有一就有二」。她在旗山的藥局工作認識了務農的先生，兩人戀愛結婚，生了兩個孩子，但結婚十年第一次動手的理由實在太瞎了：「他說他出去喝酒我怎麼都不打電話去找他？」

孩子手抱一個，背一個，就回山上部落。USU 就此展開馬不停蹄宛若陀螺般的轉動生活，包含爸媽、兩個孩子，以及姊姊與姊夫因故身亡後所留下的五個孩子，連同自己十個人，一家十口的經濟重擔都攬了下來，USU成爲家庭唯一的經濟收入來源，但她覺得甘之如飴。

還有個國小畢業就被換婚的婦女，不想再忍受家暴跟老公談判要離婚。老公說要二十萬才願意放她走，她把這件事跟學妹講，學妹帶了個大娘來，給了二十萬，婦女就被買走了。「我對這個家眞的又愛又恨。」她不停地掉眼淚，從小爸爸也是

爲了照顧婦女和孩子，阿布娪在家鄉那瑪夏成立女窩。

用煮飯的木頭抽在她身上。但是當家裡需要錢時，她還是用自已的身體賺了一百萬回來蓋房子，青春年華，全都枯萎殆盡。

太多的故事，阿布娪沒有辦法一一道盡。但陪著她們，阿布娪仍不斷思考：

部落的家暴問題，並不只是女性受暴的問題而已。家暴問題，是含在現實生活中的某一塊拚圖。「我並沒有把受暴婦女的問題單獨抽出來，而是把她還原到一個具體的女性角色，作爲媽媽、太太以及身爲部落女性。這個女性其實很害怕被帶離部落，很害怕用現代的方式隔離或安置。」

部落家戶都有戶外竹床，如果有夫妻吵架了，婦女就帶著小孩在星空下睡一晚，或者先生在外睡竹床先不要回家，當下的情緒與衝突就可以避免掉了。阿布娪也會跟婦女的先生談，談他的困境，談他是不是可以用別的方式來處理讓他想施暴的問題。比如吃醋，比如工作不順，比如被挑撥。「政府就是有一個盲點，以爲社工的專業就是一切，看不到部落有它的方式跟回應。你願不願意相信，原住民有原住民的智慧，可以去回應這個暴力衝突？」。

改變的第一步，在統計資料庫加入「原住民」身份欄目

依著歲時節令所釀的小米酒，是神聖的祭祀之酒，也是原住民部落文化的重要傳承，從種植小米到收獲，以至於從釀酒到開封酒罈，都會辦理不同的祭典儀式，謝天謝祖靈。酒是原住民在文化和生活上不可或缺的部分。

這樣的飲酒傳統，卻加劇了「原住民家暴大多都是因爲酗酒」的刻板印象。而爲什麼原住民特別愛喝酒？離開部落到都市工作的原住民，因爲需要補充體力並提神，特別在面對龐大的生活經濟與心理壓力時，藉以麻醉疲憊的身心。任何酒類加上保力達B、莎莎亞椰奶，成爲勞動階層特有的原住民調酒。

施暴者很容易被建構成情緒控制不當、失業無所事事、喝酒愛打老婆的壞人形象，這種刻板印象沒有回看他的生命脈絡，導致助人專業無法協助施暴者度過障礙。阿布娪決定先直接面對原住民被污名化的標籤：「原住民+愛喝酒=打老婆」，調查被視爲愛喝酒的原住民，究竟家暴比例有多高？

當阿布娪在內政部家暴暨性侵害委員會提案，希望調查內政部家暴資料庫裡可

以有統計原住民家暴案數量的數字，令她訝異的是，資料庫裏身份項目根本沒有「原住民」這一欄！

「國家要透過數字才會正視問題。但國家的統計資料庫竟然連原住民身份欄都不願意放？」阿布娪頭昏腦脹極了，這到底是要怎麼做？她要求要加上這個身份欄。但主管部門回覆說不可能，因爲那是全國性「家庭暴力電子資料庫」統計，要改變會涉及龐大系統的改寫。雪上加霜的是，原住民委員會另一位女性委員跟主委反映：阿布娪這麼做會加重社會對原住民經常家暴的刻板印象。

「這眞的就是原住民族群的滄桑與族群壓力的記憶，造成的自我過度限縮。」她無語問蒼天。

但阿布娪還是堅持信念，不斷要求，持續改變行政部門。二〇〇二年起，「家庭暴力電子資料庫」必須呈現原住民的比例，讓數字說話。依據當時的統計資料，二〇〇四年漢人家暴案件有二八八七四件，原住民的家暴案件有一八九七件；而二〇〇五年漢人家暴案件有三六四〇三件，原住民家庭暴力案件增加到二〇八一件，約佔家庭暴力的四％。數字說話了，原住民家庭暴力的比例其實遠低於漢人家庭。

二〇〇二年七月，阿布娪在婦運前輩李元眞、陳來虹協力下，於二〇〇一年提案「原住民族家庭服務中心實施計畫」，當時原民會主委尤哈尼.依斯卡卡夫特相當支持原住民女性處境的提升，很快由行政院原住民委員會決議通過。雖然通過的版本並不是阿布娪當初參考菲律賓組織CPA（科地埃拉人民聯盟，Cordillera Peoples Alliance，簡稱 CPA）與原住民婦運前輩們研擬的版本，內容也不盡相同，但已經大大提升後續原住民暴力議題的廣度。

走過原住民婦女人權史，阿布娪一再要問的是：「你願不願意相信，原住民有原住民的智慧，可以去回應這個暴力衝突？」

女人啊，共同守護生命的田

按照太陽與月亮時間的節奏，原住民在時代的新浪潮中，還是有很多人選擇依著古老的文化踏著自己的生活步調。帶著組織原住民婦女團體與政策參與的經驗，陳美珠跟阿布娪在莫拉克風災後，繼續和族人在一起。

「那裡有需要就那去」的陳美珠，活力十足地全省環島深入每一處原鄉，近幾年重心放在更多的原民權益推動，不時出現在行政院原委會在全國東南西北各處設置聯合服務中心，監督政策，提供服務。至今陳美珠仍與多位當時陪伴的婦女保持聯繫。

阿布娪繼續帶著女窩的婦女們留在受災慘重的那瑪夏區，成立「達卡努瓦部落工作站」，展開莫拉克風災後生活重建的工作。爲了留在部落能自給自足，女窩選擇讓重建工作回到最基本的心靈療癒和安定，從傳承文化、復耕傳統作物做起，照顧部落老人與孩子，爲生計找出路。

阿布娪認爲，種一塊女人的田地，是復育生命最重要的希望。她在田地前面，放置一塊漆成亮黃色的手寫木板牌，記錄著：「vina o'oma是小米田。To'ona tamu的意思是有老人在的地方，在這裡不分男女老幼，共同聚會。一起討論公共事務，聊些生活、一起勞動、一起分享食物，提供養老、婦女、工作者、兒童在此互動交流。小米田擇地耕地，播種，疏苗，採收等傳統知識及歲時祭儀傳承場所。」

這田裡的作物，至少可以讓部落在汛期時有食物，不會因封路而無食物可吃。

關於女性的自主權，阿布娪覺得比起用「賦予」或「賦權」的字彙詮釋，相對來說，用「復育」兩個字更能貼切女性原本就有的人權觀點，以及原有的古老文化。

她請耆老傳授種小米、種菜、養雞的知識，也到女窩每晚的「課後照顧班」教母語，到「文化成長班」帶孩子照顧小米田，接待一些參訪的團客，由耆老做「Tamu 長老的餐」。

二〇一三年，在烘培達人吳克已的協助下，部落婦女們開始學習窯烤麵包，其中 Savo 大姊努力成為主廚並以「深山裡的麵包店」為這窯烤工坊命名。二〇一七年，經由臺北醫學大學協力營造「部落願景屋」，持續以窯烤土司、tamu 的餐、小農作物、部落咖啡、文化體驗、深度導覽，組織有意願的族人，為部落尋找安身的出路。雖然很艱困，但一步一步的前進，除了努力尋找在部落穩定生活的方法，更期待拓展出年輕人回家的路徑。

回到被風災衝毀的老家，Maital 已經花了幾年時間在整理，廚房還是留有厚厚泥沙，那是當年風災泥沙覆蓋的地方。站在這個家，Maital說她想要趕快整理起來，成為一個受暴婦女可以暫時休息的點。「看到很多外地的人遠嫁進來，如果我把這裏整理起來，那麼就有一個點，一個空間，讓她們遇到困難時，可以帶著孩子一起過來喘息，釋放。有個可以抒發心情的地方也好。」

USU 現在彷彿是部落的反暴力代言人，跟弟弟在山上種菜，有時就擔任廚師，透過部落當季食材，大展無菜單料理手藝。「受暴者不要再傻傻地了，要學會離開。」USU希望著。

UNA 烤著一窯窯的麵包，臉上十分滿足。以前受家暴時覺得自已是男人的負擔，但熬了二十年，也熬過來了，還完成了大學學業。

「我其實在這邊要做的是：怎麼復育女性的生態觀，怎麼復育女性的智慧，怎麼復育女性的生命主權。我只是想如何透過集體的合作，復育每個女性生命的完整性。」阿布娪說完再用堅定的語氣說：「對，復育是我一生一直堅持在做的事，我只想做這件事而已！」

一塊女人的田，一座日夜升火的磚窯，一群留在部落的婦女，一起生活重建。

在部落願景屋和阿部娪一起烘烤
未來的年輕人。

圖片來源 Shutterstock

張琳

學歷：美和科技大學社工系畢業
　　　國立臺東大學特教所碩士班(休學中)

重要經歷：

- 新北市婦女服務中心主任
- 勵馨基金會執行長特助
- 勵馨基金會台東分事務所主任
- 社團法人台灣防暴聯盟秘書長
- 臺東縣政府(社會處、教育處)社工員、社工督導
- 臺東縣代理、代課教師
- 教育部性別平等師資人才庫https://www.gender.edu.tw/web/index.php/m6/m6_01_index
- 第三屆紫絲帶獎
- 二〇〇八年推動年度全國推動家庭暴力、性侵害及性騷擾防治工作有功人士

結實累累的蘋果樹

撰文　周憶如

短髮的張琳，說起話來總是中氣十足又親切，能說道理能開玩笑，懂得在什麼場合適時表達意見，不卑不亢，大姐般的特質讓人覺得親近。她像是電影《臥虎藏龍》裏的俞秀蓮，識大體知進退，性情如水卻堅毅，手中的青冥劍，應該就是一心只想幫助婦女與兒童的眞心意了。

「我曾經聽說，爲什麼蘋果會砸中牛頓？那是因爲他的人生有不同的任務。」新北市婦女服務中心主任張琳，形容自已在人生低潮期走過蘋果樹下，恰好被性別防治暴力的蘋果掉下打中了，一腳踏入了助人工作的領域，從此讓人生有不同的轉機，如同命定的奇妙安排。

從特教學校到台東縣政府社會處

二〇〇四年以前，張琳一直待在特教學校代課，以身爲母親的心情，帶著特教孩子學習。比起學習教育，更要費心的是教導孩子們如何生活起居，包括克服身心障礙所造成的不便，老師必須隨時專心留意孩子的一舉一動，工作雖然緊繃，但就學校整體環境來說，算是單純的職場。

但是在二〇〇四年，恢復單身的張琳帶著兩個孩子，生活與職場同時開始迎來新轉變。初為單親媽媽的她一個人張羅安排著自已與兩個孩子，同時也從教育界轉入社會福利部門，台東縣政府社會處。

張琳到社會處服務的理由有二：一個是，自己小時候常看到爸爸打媽媽，而離家出走回娘家的媽媽沒幾天就會被外公送回來，多年來這些事周而復始，直至父親年紀大了（可能體力不太好），而且孩子也長大會站在媽媽身邊，才沒再見到「暴衝」事件。另一個原因是，當代課老師暑假及寒假沒薪水，還要每年考試，剛離婚的張琳想要有一份有固定薪水的穩定工作，正巧台東社會局在徵聘社工，非社工系畢業的她鼓足勇氣就投了履歷。

當時台灣已通過家庭暴力防治法，各地方政府依法需設立家庭暴力防治中心，辦理家庭暴力服務、社會宣導教育。身為中央主管機關的家庭暴力防治委員會（現今的衛福部保護司）訂了一個範本，讓每個縣市分成綜合規劃組、教育輔導組、保護服務組以及有警察支援的暴力防治組，希望可以建立一套完整的婚暴服務模式出來。

社會處的主管在面試張琳之前，向張琳任職的學校打聽過三十七歲才要「入行」當社工的她，不知道適不適合。學校主任和校長都跟社會處掛保證，張琳在團隊合作上絕對沒有問題，甚至在學校協助培訓故事媽媽方面也不錯，就這樣，她進了社會處的綜合規劃組，除了做為地方服務、行政工作以及與中央的對應窗口，還成立防暴劇團，帶領志工進入校園、社區做宣導。

「很慶幸的是，我不是只有做直接服務社工，那可能會只看到自己工作上的困境。一開始就做綜合規劃組，讓我有機會看到各個體系的困境，例如說警察有什麼困境，衛生局有什麼困境，那司法跟檢調這裡又有什麼樣的問題，做綜規是看全貌。」張琳說。

牆上插滿刀子的家暴現場

尤其對婚暴服務而言，能看全貌的團隊合作特別重要。張琳舉了一個她擔任督導時處理的高危機案件為例。

某天深夜，社工緊急出勤去偏鄉處理一個庇護案件，到了現場才發現情況相當嚴重。受暴婦女表示，她當天忙趕農務，罹患躁鬱症的先生早上情緒很不好，她沒理他就去茗葉田工作，直到晚上才回家煮飯。結果一進門，先生看到她就大罵：「妳幹嘛還要回來煮飯？今天我早上跟妳講話，妳不理就出去了。」他抄起菜刀朝她跟孩子射。讀高中的女兒拉著媽媽蹲下來，像電影演的那樣匍匐前進，趴著逃出來。一出大門，媽媽跟孩子立刻把門反鎖起來，打電話報警。

當社工終於可以進去屋子裡面的時候，家中所有刀子都插在牆壁上。社工向督導張琳求助，張琳到達現場時，看到警察和消防隊的人圍成一圈待命，失控的先生正在房子裡面威脅大家：如果把他的老婆帶去庇護安置，他就要爆瓦斯自殺。當下社工問張琳需不需要帶受暴者去安置，她反問：「如果不帶去安置，被害人還看得到明天的太陽嗎？」

一直以來，一旦家庭暴力案件嚴重到危及性命時，首先被責難的通常都是第一線社工人員，主管機關及媒體會說社工工作不力，沒有把被害人帶去安全的地方進行保護。可是在當年精神醫療法的強制就醫流程中，當家庭暴力加害人發生加害行為時，並沒有社政可以連結進來的法源依據，如果要將加害者強制就醫，必須要有公衛護士在場評估狀況後，警察才能強制就醫。

社工、督導、警察、消防隊、醫生、醫院全體總動員

張琳要求警察介入，但是警察說，如果要他們介入把這個人帶去精神醫療院所的話，需要公衛護士。張琳立刻打電話給當時台東縣衛生局的科長，科長二話不說就請公衛護士到場協助，並且調出病歷，證明先生之前有躁鬱狀況，符合強制就醫的條件。同時也跟台東榮民醫院講好，請醫院等著接人。等強制執行的條件齊全了，警察就衝進去把先生帶出來，然後綁到消防隊的救護車上送去醫院。

像這樣的高危機狀況，各縣市常會遇到，如果沒有衛政幫忙及時處理的話，大家就耗在那邊不知道怎麼辦才好。依據精神衛生法第三十二條規定：「警察機關或消防機關於執行職務時，發現病人或有第三條第一款所定狀態之人（指思考、情緒、知覺、認知、行為等精神狀態表現異常），有傷害他人、自己或預期傷害危險者，應即護送前往就近適當醫療院所就醫」法令寫得很清楚，實際執行起來卻是困難重重，因為送去的醫院必須要有二位精神科醫生做評估鑑定，可是像台東這樣比

較偏遠的地方，符合這條件的就只有一家，榮民醫院。此外，如果這二位醫師有一個評估說要留置另一個說不用留置，那也等於做白工。

張琳認爲，處理這類案子最重要的是跟衛政團隊合作，社工、督導、警察、消防隊、醫生、醫院都要全體總動員。眞實狀況顯示出，家庭暴力防治法雖然通過多年，網絡之間仍有破網之處急待修補。地方的經驗累積，藉由網絡會議以及定期與中央部會的重大案件會議相互交流，整個家暴安全網的密度才會牢固。

與婦援會合作推動目睹兒少輔導

二〇〇七年，張琳轉換跑道，進入勵馨基金會從事家暴被害人就業服務及性侵害被害人輔導服務。那是一段很不一樣的服務歷程。在就業服務中，張琳看到那些需要工作養家活口的婦女，就像看到剛離婚時焦慮著不知能不能把孩子帶大的自己；在性侵被害人輔導服務中，她看到遭受性侵害的男童的家長拒絕服務，而使孩子錯失了輔導的機會，讓被害男童在幾年後成爲加害人。

「被性侵害的人眞的很需要協助，尤其是男童。男生遭受性侵害更難啓齒，家人也不知要怎麼和孩子說這件事，總是對社工說『你不要來，他就會忘了這事』，這樣一而再，再而三的拒絕，讓身爲直接服務的社工的我，讓同樣也是母親的我，很難過、很無助。可見我們除了預防被害及求助宣導外，當家人是被害人時，其他家人要如何協助被害人走過傷痛，這樣的宣導也很重要，但更重要的是，要宣導～不要成爲傷害別人的人、不要成爲那個人人都討厭的狼，大家要學會『尊重』。」

張琳勇於嚐試創新的服務內容，希望盡快達到保護被害人的目標。內政部家防會在二〇〇七年委請婦女救援基金會開發了一套目睹兒少教案，預計推動到教育體系，在全省展開教案示範教學計劃。婦援會想盡辦法進入校園推動，尋找支持的學校主管或老師一起合作，張琳很贊成這個計畫，找了當時在台東縣政府教育處學管科擔任科長的好友，寫了個「家暴性侵害性騷擾防治校園巡迴社工人力計畫」，這個計畫獲得內政部公益彩券回饋金補助，張琳也在二〇〇八年進入台東縣政府教育處工作，讓學校社工主推目睹兒少輔導。這還不夠，她又建議由『友善校園』(註二)那一部分的社工來做，這樣除了可以輔導目睹家暴的孩子，還能服務到校安通報的性侵害、性騷擾的案件。不怕事多的張琳，在主管的支持下，幾乎把相關的暴力

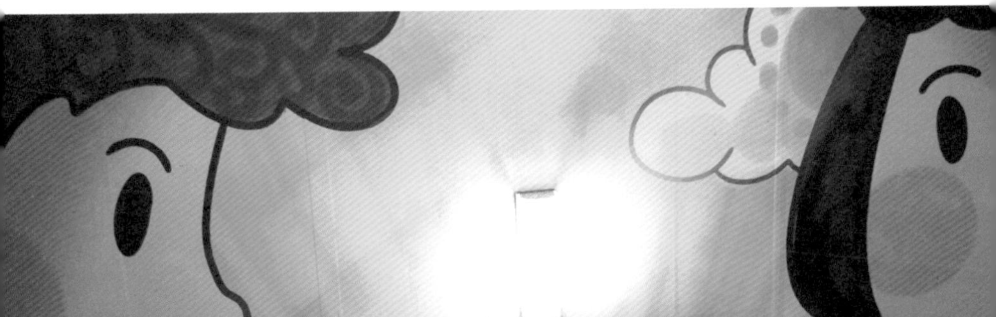

家庭暴力防治法雖然通過多年，網絡之間仍有破網之處急待修補。地方的經驗累積，藉由網絡會議以及定期與中央部會的重大案件會議相互交流，整個家暴安全網的密度才會牢固。

防治工作都攬過來做了。

她還提案給性別平等委員，把目睹兒少的議題納進全縣校務評鑑裡，從教育處著手進行。「每一年開學，學校都要報目睹兒少教學計畫，審查有沒有把它放到課綱裡面。」教務評鑑規定學校校長必須一學期最少辦理一次目睹兒少的相關訓練或是兒少保護的宣導，而且其中至少一場必須由校長當主講人。那意思就是，「你要當主講人，你就要有所了解，所以校長也要上課。」

目睹兒少教學計畫在台東推動得很有口碑，與婦女救援基金會合作培訓的校園宣講師，成了台東推動目睹兒少輔導的重要力量，其中時任輔導主任的李倩鈺校長更獲頒第一屆紫絲帶。

進入校園宣導，突破家暴通報的障礙

二〇一〇年，張琳又被延攬回台東縣社會處。

「這次重回社會處，感覺跟二〇〇四年第一次任職時很不一樣。」整個家暴政策的推動比過去大有進展，特別是社會普遍越來越能接受「通報」這一件事。不像以前，接獲通報或社工到訪時，鄰居總是閃避：我不知道、我不知道喔。現在的鄰居甚至會幫忙打 113 通報電話。

從前張琳帶著防暴劇團去學校做宣導，告訴小孩子說看到媽媽被打就要通報，也跟老師說明通報的重要性，可是那時的老師都會擔心說：「我如果通報，這個爸爸就被抓去關，然後家裡面的經濟支柱就瓦解了。」她和同仁必須不斷告訴學校教學人員，通報家暴並不會讓家中這個經濟支柱爸爸被關，只有違反保護令的時候，才有可能被依法處置。

「可見花時間去宣導，觀念就會改變。當老師明白並不是一發生家暴通報就會被關，就可以有一些作爲。」隨著老師的支持度愈來愈高，孩子更明白這件事情對媽媽來講是很重要的。張琳以耐心磨練的鑄劍心法，漸漸有了好的回應。

曾經有一個孩子自己打電話給社會處家暴防治中心，告訴社工說，「我媽媽今天早上被我爸打，現在鼻青臉腫的，請問你們可以來幫我媽媽嗎？」

社工問那小孩，你怎麼知道要幫媽媽打電話？孩子說：「你們社會處有防暴劇團到我們學校演出過。」其實那孩子要打電話時，媽媽叫他不要通報。媽媽焦慮地問社工：「你們不會把我先生抓起來關吧？」她有許多的害怕與擔心，社工費盡唇舌向讓這個被害人了解，後續可以獲得什麼協助及處遇。

張琳發現宣導進入校園這件事，確實讓各層面的民眾愈來愈清楚「通報」的重要性，改變了以前那種「社工介入之後會讓這個家庭破碎」的觀念。

協助建構台東的家暴安全網

台東縣民風淳樸，閩、客、新住民及原住民等多元族群齊住在山海之間，地形狹長的縣境內資源匱乏，社會福利資源的占比更是少數中的少數。張琳面對巨大的資源落差並不怨懟，反而積極地想辦法爭取，能做多少是多少。

她回到社會處後想做家暴安全網，主管信任張琳，於是台東縣家庭暴力安全網計劃就此展開，警政、司法、社政、衛生醫療、教育各體系相互合作，加上首長重視，使得推動效果極大化，讓台東縣成爲其他縣市觀摩參訪的對象。新氣象的合作模式團結了網絡成員，後山資源雖少，卻織就了高度預防的防暴網絡。

後來，這套防暴網絡獲得中央肯定，張琳和時任台東警察局婦幼隊組長的余麗娟（現任婦幼隊隊長）出國參訪，看到了美國馬里蘭在家暴服務中對加害人的輔導，對她日後在防暴聯盟推動家暴修法產生了重大的影響。

社工方鳳珍帶來的衝擊

從二〇〇四年到二〇一〇年，不斷遊走在公部門與民間團體間做婦幼保護工作的張琳，在每一次的不同工作環境中，總是細心觀察每一個提供服務環節的缺口，請教專家並溝通協調出可以解決問題的辦法，一心一意想讓保護工作能夠落實得更完善，卻不免有力不從心的時候。

而最傷痛的意外，總是來得讓人措手不及。

台東縣社會處婦幼福利科兒少保護組兒保社工方鳳珍，在二〇一一年二月二十四日凌晨，因感冒以及連續工作超過二十個小時而過勞併發心肌炎過世。在送往醫院急救途中，身上仍帶著公務手機。

爲人熱心的鳳珍，工作之餘需照料年邁母親以及健康狀況不佳的弟弟，但她從不無故請假，非常善盡職責。家暴中心過年時需要有人輪值，以便因應各種突發狀況，家住台東本地的鳳珍常會主動代替外地同事輪值，讓他們返鄉過年。出事的前一天，鳳珍連續三天在外出勤，還陪同受害人接受司法偵訊，整個春節假期密集加班時數二十小時以上。

「這件事讓我受到很大的傷害，也很自責，畢竟是我推薦她到社會處工作的。」張琳跟鳳珍原本是特教學校的同事，後來張琳先去當社工，她覺得鳳珍個性很雞婆人又善良，就鼓勵她去修社福課程，待鳳珍修完二十一個學分後，張琳就推薦她到台東縣社會處當社工，繼續一起當同事。

她們兩個是最常加班的人，張琳假日進去辦公室加班看記錄，鳳珍也會去處理一些兒保的案件。張琳出差到外縣市時，如果碰到下大雨，熱心的鳳珍就會傳簡訊給張琳的兒子說：「你媽媽今天出差，我等一下去學校接你。」然後開車去接孩子回家。兩個人互相支持，情同姐妹，姊妹的離去對張琳造成的創傷是巨大的。

「那時整個辦公室氣氛都很低迷，但是我還是必須強打起精神來。有時候同仁都下班了，而我坐在那邊打電腦，邊打就邊掉眼淚。」再講起這些往事，張琳並沒有掉眼淚，但她說：「我永遠會很難過。」

鳳珍的驟逝，喚起社會大衆對於社工「人力不足」及「勞動條件不佳」問題的重視，民間團體去監察院陳情，爲保護性社工爭取合理人力與待遇。內政部除了頒發「推動家庭暴力、性侵害及性騷擾防治工作有功人士特別獎」以表達對鳳珍的敬意，也於同年二月由人事行政局及地方政府研商，決議由內政部向行政院爭取正式編制社工之危險職務加給及專業加給。

一位充滿熱情的好社工走了，讓社工的勞動條件與社工人力不足問題浮上面，從而帶動社工人身安全與勞動條件的改善。對張琳而言，卻是永遠失去了一位好姐妹，那難以言喻的傷心、歉疚，讓她只能選擇離開曾經共事的工作。

結盟是最好的力量

二〇一二年，張琳受台灣防暴聯盟（以下稱防暴聯盟，註2）張錦麗理事長之邀擔任秘書長，運用過去在地方實務服務與倡議網絡合作經驗，繼續爲台灣暴力防治工程盡力。

防暴聯盟的成立宗旨，是要團結民間團體推動防暴相關法規及政策，希望

談起好友方鳳珍，張琳並沒有掉眼淚，但她說：「我永遠會很難過。」

能整合立法委員、政府機關的力量，打造全方位的暴力防治和安全生活。而如何將高達四十個會員團體的服務內涵，轉爲可以提出政策與倡議的議題，對長期推動網絡合作的張琳來說，「結盟就是最好的力量」。

當時民間團體大多已經成爲政府委託執行服務方案的重要夥伴，特別是地方性的團體，幾乎完全仰賴政府補助經費，組織的自主性不高，只能照著政府的要求做。而在全國性團體部分，資源多的團體自主性比較強，卻仍然可見接受政府大型委託案執行，整體而言，政府與民間的分工與合作有點傾斜。

針對此一現象，張錦麗在〈家庭暴力防治工作展望——政府與民間的分工與合作〉文中具體指出，政府結合民間團體的第一優先考量往往是爲了省錢。政府在人力吃緊的壓力下，面對某些不得不完成的法定服務，就採取與民間團體合作的策略。「合作夥伴」雖然被政府喊在嘴裡，實際上卻會遭遇到政策、主計規定以及相關推動項目缺乏彈性的難題，而使得這樣的合作模式顯得「口惠而實不至」。例如委託方案的核銷方式嚴苛挑剔，小至郵資費要申請或辦理活動的果汁費無法列入茶水費，甚至到偏遠地區服務不給自行駕車的油費、無法補足眞正足夠的人力經費，而且以引導性政策為由，要求受委託團體也必須自籌相關經費。

影響最大的部分是，一旦接受了大型委託案成為政策推動的「共同夥伴」，民間團體也開始不好意思對政府提出政策的批判建言了。

「在防暴聯盟要做的是，先讓各團體的聲音集合起來，去聽她們目前遇到的困難跟需要的協助是什麼。」防暴聯盟將不同的問題整理起來，分析實務與政策面臨的問題，邀請各領域專家學者針對問題進行討論，並且提供改善建議甚至修法。

社會福利體制內的資源僧多粥少，向來有福利分配是否妥適的爭議。張琳認為在婦女政策這部分，過去婦女團體累積的倡議力量還是有很大的「大聲公」效益，只要齊聲喊出需求，資源與權利還是能夠爭取進來的。「前人留下的餘力還很強，再加上婦女團體在服務的同時，仍能監督政府政策的落實度和參與修法，所以在這部分我是樂觀看待的。」

以現代婦女基金會為例，雖然接受很多委託案，董事長潘維剛立委在政策上依然積極主動，在修法提案上善盡監督和要求的責任。另外像勵馨基金會，紀惠容執行長向來有什麼說什麼，該做的勵馨會跟政府合作，在該倡議的時候，媒體人出身的紀惠容也不會因此而噤聲，標榜「服務與倡議同行」。張琳笑說，「勵馨基金會曾經被說是最大的政策代工廠，但紀姐並不以爲意，因爲她知道一個婦女團體要能夠繼續倡議下去，服務一定得並重，在服務中才可以看到被害人眞實的需求。」

結盟的力量，催動政府跟著做

運用結盟的力量，張琳出席各地與中央大大小小的政策研議、修法研議會議，將所聽到的困難和建議不斷地放送出去。在會議上，她採取不卑不亢的態度，不會口出橫言與人針鋒相對。「政策的推動與倡議，是一種遊說的過程，就好像是兩個人在溝通，你不能聽不進人家的話，硬要人家聽你的，那就不是溝通了，而是互相潑水。」

結盟的力量發揮後，下一步就是想辦法跟政府合作，而尊重社工、在重大會議積上極回饋、推動網絡合作，就是民間團體可以發揮力量讓政府看見問題，並且落實解決問題的三大關鍵。

「政策的推動與倡議，是一種遊說的過程，就好像是兩個人在溝通，你不能聽不進人家的話，硬要人家聽你的，那就不是溝通了，而是互相潑水。」

一、尊重社工，避免不合理的責難

社工人員的高流動性與人力不足，是社會福利保護性業務的最大缺口。雖然專業分工分級的觀念與制度持續在建立，但最重要的是，社工要被尊重，這尊重體現在勞動條件與福利的改善，以及倡導人力的培訓。（註3）

社工人員的流動並非離開原來領域，而是在不同單位間流動。張琳舉例，之前同在台東家暴中心的十二個社工伙伴，目前只剩下一位留在社工科，那其他的十一個呢？都還在這個領域。「有人跳到別的縣市，也有人跳到精神醫療方面，做加害人處遇，還有一些人到民間單位。」這些社工其實都還在家暴系統裡面服務，只是離開了台東社會處家暴中心。

「我覺得會促使社工離開公部門，造成高流動率的原因，最主要是對社工的責難。」每當重大案件發生，媒體爭相報導，中央與地方政府便召集相關會議研討，在會議上第一個被撻伐的一定是社工人員。報導是媒體的職責所在，但報導的內容眞的是事實嗎？張琳說：「很多長官都是看著報紙辦事，一看到媒體就向內指責。包含衛福部在開重大案件檢討會時，專家學者、還有部裡的長官都會說，這個不是究責，而是我們要記取教訓。」可是當回到地方，長官就是會究責，無法了解、尊重社工工作的內涵及甘苦之處，那個才是流動的主要原因。

張琳認爲民間團體在這個時候就可以帶頭出來，爲社工的勞動條件與專業度做倡議。現代婦女基金會爲社工方鳳珍之死發起監察院陳情和紀念遊行，喚起社會大衆重視社工權利與專業，促使相關單位改善福利與勞動條件，就是個很好的例子。

二、在重大會議上作回饋，鼓勵長官高度參與

中央政府爲推動社會安全網，即時回應重大家庭暴力案件，除了定期在中央辦理「家庭暴力及性侵害防治推動小組」會議，同時也指示地方政府定期舉辦「重大家庭暴力事件研討及策進實施計畫」，張琳經常受邀到不同縣市給予建議或回應，也同時搜集問題與現況做爲政策倡議的資料。

「召開重大家庭暴力事件檢討會議，的確會讓縣市政府更重視這樣的事件，加速處理。」張琳認爲：「每個人都不希望發生這種事，這不是誰的錯。這些案件有很高的比率是前面沒有通報記錄的，這代表預防性還要再加強，所以不是社工的問

題，而是前端的預防出了問題。」像這樣把關鍵問題提出來，就是民間團體很可以做的事。

她每次出席會議，一定會跟大家分享在各縣市觀察到有特色跟效益的地方，特別是如果長官夠支持這個工作，就會看到整個暴力防治網不是只有社政在做，而是整合各部門一起做，成效會很令人感動。

三、推動高密度網絡合作，及時回應問題

在家暴領域做了十幾年，張琳觀察到了幾個往好方向的改變。第一個改變是，家暴原本被視為單一的社政業務，現在有了警政、教育、社區、衛生醫療一起做「網絡體系合作」的觀念，網絡團隊成員是具有決策權的中階主管，配合度與行動力都很高，這些人非常清楚自己該做什麼、能做什麼，最重要的是願意去做，集思廣益共商對策，形成高密度的網絡合作。

第二個改變是，當網絡合作讓大家有了共識之後，在重大政策上的修法，就可以回應到現實工作的需求。例如，以家暴法去處理目睹兒少問題時，除了教育主管

機關直接下去，勞委會也要處理婦女就業生活重建那一塊，而目睹暴力事件中出現的疾病、自殺常跟酗酒有關，於是處理酗酒問題最主要的主管機關衛福部心理與口腔健康司就進來了。

第三個改變是婚暴事件的保護範圍擴增，顯示出進步價值。「我們的婚暴政策頭先是專注是兩人之間的關係，後來擴大到家庭層面，現在連周邊的家庭成員也放進去保護範圍了。它的類型從單一的婚配的關係，後來包含同居關係和同性戀關係，層面是愈來愈擴大。」

在二〇一三年家暴法修法時，防暴聯盟提供的民間版本幾乎全部被採用，包括目睹兒少、防暴基金設立、羈押的加害人放行即時通知以及親密關係的詮釋擴大。張琳引用張錦麗教授常說的話：「手指不要指向別人說你應該做什麼，而是應該指向自己說，我在這一件事情上面，能做什麼」。

防暴聯盟十年磨一劍，以「結盟的力量，跟政府合作」這一招劍法，為臺灣的家暴防治連下數城。

幫助受暴婦女重建生活

完成了在防暴聯盟的階段性任務，張琳在二〇一三年離開台北，再次回到家鄉台東，在勵馨基金會台東事務所擔任主任，重新展開心心念念的婦女直接服務工作。她致力於整合網絡，有對受暴婦女的服務，有青少女懷孕的防治與輔導，有性侵害的防治與蒲公英中心的心理諮商，還有就業服務。

她特別重視婦女生活的重建。曾經是單親媽媽的張琳，經歷過一段艱難時光，每次遇到小孩開學就爲了張羅學費而煩惱。她當時總把薪水分成三個袋子裝起來，依次是生活費、教育費以及儲蓄費。幸運的是她有兩個很貼心的兒子，自已也有份可以養家活口的好工作，但是很多的婦女並不都這麼幸運。

「做就業服務時，我也同樣看到那些婦女在小孩子開學時，她們的焦慮。」重建生活不簡單，讓婦女有就業機會很重要，因爲媽媽有穩定的經濟來源，才有辦法給孩子一個穩定、安全的家，平安健康地成長。

「勵馨台東事務所有一棟愛馨會館，其實是準備性職場，讓我們的受暴婦女到

「手指不要指向別人說你應該做什麼，而是應該指向自己說，我在這一件事情上面，能做什麼。」

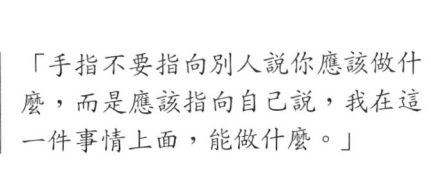

那邊練習打掃、清潔工作，然後再轉介到旅館業或其他需要清潔的單位去。」有一天，張琳搭清晨五點多的普悠瑪要到台北開會，在火車上，突然被一位蒙口罩的女清潔工抱住叫：主任！

原來她曾經在愛馨會館接受保護，老公還開車企圖衝撞會館的門。這位婦女後來去找工作，本來清潔公司額度已經滿了，但是勵馨的社工很認真地跟老闆商量讓她當備取，結果錄取的人沒來，她馬上就補上去了。現在她每天早上五點多搭第一班普悠瑪開始清潔工作，到台北的時候八點多，休息兩三個小時，然後再搭普悠瑪回台東，每天來回各一次。「她的工作對她來講是非常棒的，薪水也不差喔。她跟我講，她很感謝我們的就業社工。我眞正的感動是，其實她才是鼓勵我們向前的人。」張琳說。

創造希望的池塘

張琳想要創造一個要什麼有什麼，符合婦女眞正需求的希望池塘。

當然勞動部也有提供不錯的職訓，可是這一套在台東似乎起不了多大作用，因爲婦女有的住長濱、有的住池上，還有在蘭嶼、綠島，又遠又分散，她們要怎麼參加職訓？有的婦女因爲有官司訴訟，常需要請假出庭，無法尋找固定的正式工作，只能打打零工。

「婦女就業是一項非常重要的工作。政府的生活補助是短期的，最多可以延長到一年，可是一年之後呢？」張琳曾經去過一位婦女家裡，那位婦女從頭到尾拿著賣場的單子研究哪裡有減價品，爲的是什麼？省吃儉用，因爲她不知道下一個月的生活費在哪裡。

職訓局的就業訓練概念是「給她魚竿，教她釣魚」，但根據張琳長期幫助婦女的經驗，這並無法立刻眞正解決婦女生活的問題，而必須跟她一起找到屬於自已能發揮專長的魚竿，並且創立一個她想要什麼就能有什麼的「希望池塘」。如此一來，才能讓婦女長久地工作或創業生活下去。

具體說來，勵馨的就業協助就是不只給婦女魚竿，還要給她一個能夠符合實際生活的技能。勵馨社工會陪著婦女一起討論，她們想要的希望池塘是什麼？想做的是什麼？而不是社工爲婦女片面決定。這個希望池塘是婦女想要放進什麼東西、就放什麼東西的所在，讓她這一生能夠源源不絕，從裡面拿出東西來分享給人家，讓生活可以不用擔憂的池塘。

勵馨台東團隊裡面，所有人都會去跟熟悉的商家或願意協助的朋友討論，再擴大出去，尋找各種可能提供婦女就業的機會。也會找專家和達人來教授各種課程，讓課程的培訓轉化成實際可用的生活技能。

「97號店」的故事

在二〇一七年衛福部第三屆紫絲帶獎的頒獎典禮上，獲獎者張琳分享了一個感人的「97號店」的故事。阿苓因爲先生外遇，逼著她離婚，阿苓帶著唯一的兒子重新生活。爲了爭取撫養權，阿苓跟社工討論要怎麼找工作，才能養小孩爭取到撫養權。

「老天給了她第一顆蘋果，因爲她有很好的手藝。」阿苓會做黑糖薑片、豆干、泡菜。後來社工就找了幾位相關的專業人員來跟阿苓討論，做什麼食品最適合她。張琳形容，蘋果就這樣成熟了，在社工和勵馨的協助下，將推出的產品還通過屏東科技大學的檢驗，並且獲得工商檢驗局的標誌，甚至還跟台糖與農會簽約上架，成爲一項完整認證的商品。

阿苓把黑糖老薑片的商標取名爲「97食品行」。納悶的社工問阿苓，爲什麼要叫這個名字？阿苓說：「因爲我跟小孩子討論，我們的產品要上架了，我們要開店了，那店名要叫做什麼？孩子說：媽媽，我們家的門牌是97號，我們要永遠在這個家，我和你要永遠快樂的過下去。」

張琳在阿苓身上看到的是，雖然勵馨沒有錢補助她一輩子過生活，卻讓她充份展現了自我。雖然阿苓現在不是很有錢，可是能夠用她的自信面對人生各種的挑戰，就是她現在最大的富有。「只要有婦女願意，我們就把一顆蘋果送給她，並分享這顆蘋果，讓她跟我們一起陽光下驕傲地站立，就像阿苓能走出生活的幽谷，重新面對陽光一樣。」

結實累累的蘋果樹

從二〇〇四年被第一個防治暴力的蘋果砸中後，張琳就不曾再離開過暴力防治的領域。雖然不斷轉移陣地，但始終站在婦女與兒童保護的樹林裡，走過一棵棵的蘋果樹，累累的果實讓張琳的心一直保持著溫熱。

二〇一八年她辭去勵馨執行長特助一職，去了遙遠的西藏及沙哈拉沙漠，那是從少女時期一直想去的地方。休息一年後，看到同志專法推動時的公投行動，忽然驚覺周遭同世代朋友對同志的歧視，她又想做事了。

二〇一九年，張琳帶著熱情到新北市婦女服務中心擔任主任，輔導新北市婦女團體推動性別平等及婦女服務，再次換了一棵蘋果樹，走入了她曾說的性別暴力防治教育要預防，首先要讓大家學會「尊重」，推動性別平等、清除性別歧視——這棵蘋果樹她正照顧著。

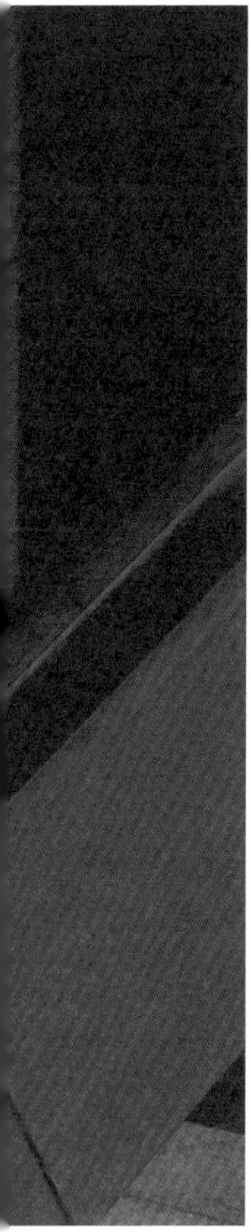

雖然不斷轉移陣地，但始終站在婦女與兒童保護的樹林裡，走過一棵棵的蘋果樹，張琳的心一直保持著溫熱，決不放棄。

註1：友善校園

教育部「友善校園」計畫以學生為中心、學校為本位，強調尊重、關懷、同理、包容、安全、參與，主要內容包括性別平等教育、學生輔導體制、人權教育、公民教育、生命教育、特殊教育及資訊素養與倫理教育等，旨在培養「社會好國民、世界好公民」。

參考資料：http://www.ptivs.ptc.edu.tw/UI/upload/org/ORG200001.pdf

註2：社團法人台灣防暴聯盟 http://www.tcav.org.tw

前身為防暴三法防止聯盟，自二〇〇五年正式成立為「台灣防暴聯盟」。關心防暴相關法規及政策之擬定及落實、中央及地方防暴專責單位之組織編制等問題，希望能結合民間團體、立法委員及政府機關的力量，打造全方位之暴力防治。

註3：社工人力分科分級訓練

包含一般社工的基礎核心課程、進階專題，以及專為督導開設的訓練。有系統的培育保護性社工與督導的專業知能，避免零散與重複的在職教育，並降低縣市訓練的煩擾，以系統化教育提升專業，帶進有效能的服務。

（參考來源：衛福部保護服務司網站https://dep.mohw.gov.tw）

有光就無夜/周憶如, 胡頎撰文. -- 初版. --
新北市：藍墨水企業有限公司, 2022.10
256面；14.8x21公分
ISBN 978-957-9520-43-0(平裝)

1.CST: 家庭暴力　　2.CST: 暴力行為

544.18　　　　111013435

有光
就無夜

總策畫：廖英智
撰文：周憶如　胡頎
主編：曾淑美
美編：伍慧芳
封面設計：李仲程
攝影：郭英慧　王竹君
校對：周憶如　曾淑美

發行人：高永鑫
出版：藍墨水企業有限公司
地址：231新北市新店區大同街8巷3號
電話：02-2729 3954
Email：poeticshumei@hotmail.com

代理經銷：白象文化事業有限公司
地址：401台中市東區和平街228巷44號
電話：04-22208589

製版｜印刷：博創印藝文化事業有限公司
初版：2022年9月

定價：350元
ISBN：978-957-9520-43-0